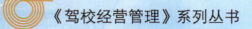《驾校经营管理》系列丛书

驾校
教练员教学与服务指南

刘治国　冯晓乐　主编

人民交通出版社股份有限公司
China Communications Press Co.,Ltd.

内 容 提 要

本书以提高驾校教练员教学与服务水平为出发点，从实际运用角度，结合机动车驾驶培训最新的政策法规和最新颁布的《机动车驾驶培训教学与考试大纲》（交运发〔2016〕128号）编写，总结了大量驾校教练员的先进教学方法和服务经验，将驾校教练员日常工作进行了规范化和标准化的归纳。全书共分八章：前四章为教学部分，内容为教学方法、教学方案编写、实际操作教学规范、教学安全；后四章为服务部分，内容为廉洁服务、文明服务礼仪、服务沟通、团队服务。

本书内容具有较强的可操作性，可为驾校教练员的教学与服务工作提供指导，也可为驾校规范管理教练员提供参考，是适合驾校教练员岗前教育、继续教育的培训教材。

图书在版编目（CIP）数据

驾校教练员教学与服务指南 / 刘治国，冯晓乐主编. —北京：人民交通出版社股份有限公司，2016.11
ISBN 978-7-114-13420-3

Ⅰ.①驾⋯ Ⅱ.①刘⋯ ②冯⋯ Ⅲ.①汽车驾驶—教练员—教学法—指南 Ⅳ.①U471.3-62

中国版本图书馆CIP数据核字（2016）第257681号

Jiaxiao Jiaolianyuan Jiaoxue yu Fuwu Zhinan

书　　名：	驾校教练员教学与服务指南
著 作 者：	刘治国　冯晓乐
责任编辑：	钟　伟　刘　博
出版发行：	人民交通出版社股份有限公司
地　　址：	（100011）北京市朝阳区安定门外外馆斜街3号
网　　址：	http://www.ccpress.com.cn
销售电话：	（010）59757973
总 经 销：	人民交通出版社股份有限公司发行部
经　　销：	各地新华书店
印　　刷：	中国电影出版社印刷厂
开　　本：	787×1092　1/16
印　　张：	8
字　　数：	166千
版　　次：	2016年11月　第1版
印　　次：	2017年11月　第7次印刷
书　　号：	ISBN 978-7-114-13420-3
定　　价：	28.00元

（有印刷、装订质量问题的图书由本公司负责调换）

《驾校经营管理》系列丛书
编写指导委员会

主　任：杨洪义

副主任：张　宁　郑　华　彭道月　张柱庭　郎锁庆

《驾校经营管理》系列丛书
编写委员会

主　编：刘治国

副主编：冯晓乐　熊燕舞　张燕晨　宋宏伟　谷祖波

成　员：李　勇　黄四海　徐小灵　黎　益　李云刚
　　　　邢大川　陈　燕　樊吉印

前 言

机动车驾驶员培训机构（驾校）是以培养驾驶学员的安全意识、培训驾驶学员的驾驶技能为教学任务，为社会公众有偿提供驾驶培训服务的机构。作为具有教育培训性质的服务型企业，其教学服务的客体是学员，教学服务的主体是教练员。教练员队伍的教学服务能力一定程度上反映了驾校的整体教学服务水平和品质。

2015年11月，国务院办公厅转发了公安部、交通运输部《关于推进机动车驾驶人培训考试制度改革的意见》（以下简称《意见》），提出要加强教练员队伍管理，提高教练员队伍素质和教学水平。为落实《意见》精神，满足驾校培养教练员、规范教练员教学服务行为的需要，结合最新颁布的《机动车驾驶培训教学与考试大纲》（交运发〔2016〕128号），我们组织编写了《驾校教练员教学与服务指南》。

当前，我国正快速步入汽车社会，学习驾驶成为人民群众的一种刚性需求，这就使得机动车驾驶员培训工作显得尤为重要，而教练员是指导驾驶学员培养安全文明素养和掌握驾驶操作技能的启蒙老师，加强教练员教学与服务管理，是保证驾驶培训质量、提高驾驶员素质的有效保障，对提升驾校服务水平、提升学员满意度、提升行业整体形象，创树驾校品牌有着重要意义。

本书分为教学工作和服务工作两大部分，涉及教练员常用教学方法、教练员常用示范教案、安全教学、教练员文明教学行为、与学员沟通规范等主要内容，突出了实用性与可操作性原则，体现了中国交通运输协会驾校联合会"服务行业、服务政府、服务社会"的工作宗旨，是落实交通运输部机动车驾驶培训教练员素质提升工程和中国交通运输协会驾校联合会《机动车驾驶培训行业自律公约》的一项重要工作。

本书由刘治国、冯晓乐主编，参编单位有交通运输部科学研究院交通科技传媒、贵阳市机动车驾驶培训行业协会、北京市海淀区汽车驾驶学校、贵州吉源驾驶培训学校有限公司、山东交院机动车驾驶培训有限公司、新华教育集团宇星驾训事业部、深圳市港深通汽车驾驶员培训有限公司、江西省南昌市白云机动车驾驶员培训中心有限公司、济南联众舜通驾驶员培训有限公司。

本书在编写过程中还得到了众多道路运输管理部门、行业协会和广大驾校的大力支持，在此深表感谢！

本书的不足之处在所难免，希望各地在使用过程中及时将发现的问题或建议意见函告中国交通运输协会驾校联合会（地址：北京市海淀区北安河路69号，邮编：100194；电话：010-88877928；电子邮箱：jiaxiao2015@126.com），以便修订时参考。

目 录

第一章　教学方法 ··· 1
　第一节　常用教学方法 ··· 2
　第二节　实际操作教学方法运用知识 ···································· 3

第二章　教学方案编写 ·· 6

第三章　实际操作教学规范 ··· 9
　第一节　基础驾驶 ·· 10
　第二节　场地驾驶 ·· 17
　第三节　道路驾驶 ·· 35

第四章　教学安全 ··· 43
　第一节　安全教学规范 ··· 44
　第二节　教练车安全检查和卫生规范 ·································· 45
　第三节　应急处置 ·· 49

第五章　廉洁服务 ··· 51

第六章　文明服务礼仪 ·· 53
　第一节　文明服务规范 ··· 54
　第二节　基本服务礼仪 ··· 56

第七章　服务沟通 ··· 59
　第一节　沟通基本要求 ··· 60
　第二节　工作沟通规范 ··· 61

第八章　团队服务 ·· 66
　　第一节　团队服务要求 ······································ 67
　　第二节　团队服务规范 ······································ 67

附录 ··· 71
　　附录一　机动车驾驶培训教学与考试大纲 ················ 72
　　附录二　机动车驾驶证申领和使用规定 ··················· 99

第一章

JIAXIAO JIAOLIANYUAN JIAOXUE YU FUWU ZHINAN

教学方法

教练员的教学工作不仅仅关系到学员能否顺利考取机动车驾驶证，更关系到学员拿到机动车驾驶证后能否安全文明地驾驶机动车。掌握规范的教学方法和必要的教学知识，是对教练员的基本要求，也是保证教学质量的基础。

第一节 常用教学方法

教学方法是指以完成教学任务为目的，教练员与学员共同完成教学活动的程序、方法与措施。机动车驾驶培训常用教学方法有讲授教学法、示范教学法、演示教学法、模拟教学法、练习教学法等。

一 讲授教学法

讲授教学法是指在教学过程中，教练员通过语言向学员传授安全文明驾驶理念、驾驶理论知识和实际操作方法的教学方法，如图1-1所示。

图1-1 讲授教学法

讲授教学法基本形式有讲解式、讲述式等。讲解是指教练员边讲边解释，讲述是指教练员述说与教学有关的案例。如讲解"换挡操作注意事项"，先讲换挡时不能低头下看；然后解释低头下看的危害：会导致驾驶员失去驾驶视野，不能全面获知交通情况，从而影响行驶安全；最后讲述一个由于低头下看造成的实际交通事故的案例。这样，通过"讲"、"解"和"述说"达到教学目的的方法就叫讲授教学法。讲授教学法可用于介绍新的课程内容、讲解重点难点、提示纠正学员的错误、总结所学内容等。

二 示范教学法

示范教学法是指教练员向学员展示"规范的驾驶动作"和"规范的驾驶行为"，以使学员对驾驶动作或驾驶行为获得感性认识的教学方法。"规范的驾驶动作"是指驾驶机动车时，操纵机动车各部件的正规动作，如驾驶机动车时左手放在转向盘"9至10点"处，右手放在转向盘"3到4点"处。"规范的驾驶行为"是指在驾驶机动车时的安全文明行为，如"不连续变更两条以上车道"、"文明礼让其他车辆"等。示范教学法常在实际操作教学中运用。

三 演示教学法

演示教学法是指教练员在教学中通过展示教具、多媒体等设备，使学员更加直观地获得交通安全知识和安全驾驶技能的方法。如在理论教学中，理论教练员可通过教学挂图、发动机模型讲授汽车基本构造，通过多媒体向学员讲授安全文明驾驶常识；在实际操作教学中，教练员可以使用汽车模型讲解倒车入库的原理，如图1-2所示。

四 模拟教学法

模拟教学法是指教练员利用"模拟教学设备"或"模拟教学场地",对学员进行教学的教学方法,如图1-3所示。例如,可使用模拟器对学员进行"雨、雪、雾天"的驾驶、"模拟夜间灯光"操作等教学;可使用"模拟城市道路"、"模拟高速公路"、"模拟隧道"等场地进行相关实际操作教学。

图1-2　演示教学法

图1-3　模拟教学法

五 练习教学法

练习教学法是指在教练员指导下,学员通过反复练习,逐渐掌握相关驾驶技能的教学方法。通过反复练习,不仅要使学员掌握规范的驾驶动作,更要让学员养成良好的安全意识和驾驶习惯。

第二节　实际操作教学方法运用知识

实际操作教学是机动车驾驶教学的重要组成部分,在本项教学中学员操作机动车的不稳定性和交通环境的复杂性决定了实际操作教学具有"一定的风险性",教练员既要保证学员和自身安全,还要保证教学质量。在实际操作教学中恰当地运用教学方法是保证"教学安全"和"教学质量"的基础。

一 实际操作教学一般要求

教学中应坚持以下原则:

(1)按照《机动车驾驶培训教学与考试大纲》进行教学。

(2)以培养学员安全文明行车意识、良好的驾驶习惯、规范的驾驶动作为教学重点。

(3)教学时遵守交通安全法律法规,文明行车礼让三先。

(4)教学中文明施教。

（5）提倡使用普通话教学，使用规范化教学口令与手势。

二 讲解教学

讲解教学包括"讲述"和"解释"。讲解的形式可分为：单独讲解、集体讲解、车上讲解、车下讲解。

1. 单独讲解

教练员对一名学员进行讲解，常用于"一对一的驾驶教学"。

2. 集体讲解

教练员对多名学员进行讲解，常用于"一车多人"的教学模式或"考前集训"。

3. 车上讲解

教练员在教练车上对学员进行的讲解，常用于实际道路驾驶教学，如图1-4所示。

4. 车下讲解

教练员在教练车下对学员进行的讲解，常用于训练开始前、训练结束后教练员在车下讲解，如图1-5所示。

图1-4　车上讲解

图1-5　车下讲解

三 示范教学

示范教学是教练员向学员展示规范的"驾驶动作"和"驾驶行为"。示范教学分为连贯动作示范、分解动作示范、对比动作示范。

1. 连贯动作示范

将某个训练项目或动作进行完整的、连贯的示范称为连贯动作示范。如：对倒车入库的操作进行示范。

2. 分解动作示范

将某个复杂的训练项目或动作分解成为若干相互衔接的简单动作，分别向学员进行示范称为分解动作示范，如图1-6所示，教练员对更换轮胎的方法进行分解示范。又如在进行倒车教学时可以将操作动作分解成在车辆静止状态下的倒车驾驶姿势示范和在倒车过程中控制车辆接近倒车目标的示范。

图1-6　教练员分解示范更换轮胎

3. 对比动作示范

将学员练习时经常出现的错误动作和正确动作分别进行示范称为对比动作示范，使学员能够直观、清晰地进行观察和对比，从而改正错误。如：在"转向盘操作"教学时，将"掏方向、搡方向"等错误的操作动作和"正确操作转向盘"的动作分别进行示范。

四 纠错教学

纠错教学是指教练员为纠正学员在驾驶机动车时出现的错误而采用的教学方法。及时纠正学员的驾驶错误，对提高培训效率、保证培训质量、降低培训成本、保证训练安全具有重要意义。教练员进行纠错教学时的步骤如下。

1. 指出错误现象

告知学员其"错误驾驶动作"或"错误驾驶行为"。"错误驾驶动作"指的是错误的驾驶操作动作，如"车辆行驶中方向跑偏"、"换挡响挡"等；"错误驾驶行为"指的是违反道路交通法律法规的行为，如过路口不减速、连续变更两条以上车道等。

2. 分析出错原因

告知学员出错的原因。如："换挡响挡"的原因是左脚未将离合器踏板踩到底。

3. 陈述解决办法

告知学员改正错误现象的方法。如：解决"换挡响挡"的办法是将离合器踏板踏到底，左脚踏下离合器踏板后直到踏不动为止。

4. 心理分析调整

观察学员的情绪及心理变化并进行必要的调整。例如用语言对操纵失误的学员进行安慰："'换挡响挡'是初学者常出现的一种现象，只要稍加锻炼就会得到改正"。

5. 辅助完成动作

在学员操作过程中，通过语言、手势或辅助操作帮助学员完成操作。

6. 总结分析过程

总结学员从出错到纠错再到改错的过程。如总结"换挡响挡"的原因及纠正方法为："换挡响挡"的原因是左脚未将离合器踏板踩到底，在此后的练习中，注意要将离合器踏板踩到"踩不动"为止，然后再进行换挡就不会出现"响挡"现象了。

第二章 教学方案编写

JIAXIAO JIAOLIANYUAN JIAOXUE YU FUWU ZHINAN

　　教学方案简称教案，是教练员为实现教学大纲设定的教学目标而设计的授课方案，是以教学项目为单位编写的教学具体行动计划和实施方法。

一 教案编写一般要求

（1）以《机动车驾驶培训教学与考试大纲》为依据。

（2）将安全文明驾驶意识教学贯穿其中。

（3）体现个人教学经验及教学方法的创新，在标准化的基础上体现个性化。

二 教案编写的基本要素及内涵

教案编写的基本要素及内涵见表 2-1。

教案编写的基本要素及内涵　　　　　表 2-1

基本要素	内涵	举例
教学项目	课程名称	转向盘操作方法
教学目的	所要完成的教学任务	快速掌握转向盘的正确操作方法
教学要求	需要掌握的理论知识或驾驶技能	掌握操纵转向盘的正确方法
重点难点	关键性问题和难理解的知识；关键操作要领和难度较大的操作动作	转向盘的连续转动
教学方法	所采用的具体的教学方法	讲解、示范、练习、教练员指导
教学工具	所采用的教学工具和设备	驾驶模拟器
教学学时	教学所需时间和分配	1 学时
教学场所	授课地点	模拟器教室
教学内容	具体授课内容和教学实施步骤	略

三 示范教案

（1）理论教学示范教案见表 2-2。

理论教学示范教案　　　　　表 2-2

教学项目	道路交通信号	教学学时	2
教学目的	识别道路交通信号的种类和作用，培养遵守道路交通信号的安全意识		
教学要求	熟练掌握道路交通信号的种类、识别和作用		
重点难点	道路交通信号的识别		
教学方法	理论教练员讲解		
教学工具	多媒体课件		
教学地点	理论教室		

续上表

教学内容	1. 交通信号灯的分类 交通信号灯按照不同的功能，可分为以下几类： 机动车信号灯、非机动车信号灯、人行横道信号灯、方向指示信号灯（箭头信号灯）、车道信号灯、闪光警告信号灯、道路与铁路平面交叉道口信号灯。 2. 不同类型交通信号灯的作用 （1）闪光警告信号灯：为持续闪烁的黄灯，提示车辆、行人通行时注意瞭望，确认安全后通过。 （2）人行横道信号灯：人行横道信号灯由红、绿灯组成。 （3）道路与铁路平面交叉道口信号灯：两个红灯交替闪烁或者一个红灯亮时，禁止车辆、行人通行；红灯熄灭，允许车辆、行人通行。 3. 总结 总结交通信号灯种类和作用，让学员下课后复习

（2）实际操作教学示范教案见表2-3。

实际操作教学示范教案　　　　　　　　　　　　　表2-3

教学项目	夜间安全驾驶	教学学时	2
教学目的	掌握夜间在实际道路上根据照明情况和道路情况正确使用灯光的能力		
教学要求	掌握夜间起步、会车、超车、通过急弯、通过坡路、通过拱桥、通过人行横道或者没有交通信号灯控制的路口正确使用灯光的方法		
重点难点	灯光的使用和信号装置，对路面的判断，夜间驾驶方法		
教学方法	讲解、示范、练习、教练员讲评		
教学工具	教练车		
教学场所	实际道路		
教学内容	（1）夜间起步、会车、超车时灯光的使用。 ①起步：先开车灯，看清道路及周边情况，确认安全后再起步。 ②会车：夜间会车应当在距对向来车150m以外改用近光灯，若对方不关远光灯，应连续变光提示对向来车，同时，减速靠右行驶或停车。在窄路、窄桥与非机动车会车时应当使用近光灯。 ③夜间避免超车，需超车时，在跟近前车后，连续地变换远、近光灯对前车驾驶员进行提示。在确认前车减速让路后，方可超越。 （2）夜间通过坡路、拱桥、人行横道灯光的使用：交替使用远光灯、近光灯。 （3）夜间通过没有交通信号灯控制的路口时灯光使用：交替使用远光灯、近光灯。 （4）总结：总结夜间驾驶操作要领、注意事项，让学员下课后复习		

第三章

JIAXIAO JIAOLIANYUAN JIAOXUE YU FUWU ZHINAN

实际操作教学规范

　　教练员进行实际操作教学时，应按照《机动车驾驶培训教学与考试大纲》的相关规定进行教学。做到"安全文明驾驶常识"教学与"道路驾驶"教学交叉融合；"基础和场地驾驶"与"道路驾驶"交叉训练，并根据学员个体差异进行教学，均衡各训练项目之间学时安排。以培养学员安全文明行车意识、良好驾驶习惯、规范的驾驶动作为教学重点。

　　本章第一节和第二节为《机动车驾驶培训教学与考试大纲》第二部分基础和场地驾驶内容，第三节为《机动车驾驶培训教学与考试大纲》第三部分道路驾驶内容。

第一节 基础驾驶

基础驾驶教学内容主要有：驾驶姿势、操作装置的规范操作、起步前车辆检查与调整、上下车动作、上下车前观察、起步停车、变速、换挡、倒车、行驶位置和路线等教学项目。教学中要模拟器教学与实车教学进行结合，根据学员情况合理掌握教学节奏。

一 上下车及驾驶姿势

1. 教学目的

掌握正确的上下车动作及规范的驾驶姿势。

2. 教学要求

熟练掌握上下车前的安全检查、正确的驾驶姿势。

3. 重点难点

上下车前的安全检查、正确的驾驶姿势。

4. 教学内容

1）上车动作

（1）上车前应绕车一周检查周围交通情况，车辆轮胎气压是否正常，有无三漏现象，即：漏油、漏气、漏水的情况。

（2）行至车左前角时停下瞭望，左右观察确认安全后走至车左前门。

（3）打开车门，右手握转向盘12点位置，迈右腿侧身进入车内，侧身使臀部、腰部、上身、依次进入驾驶室，自然坐下。

（4）左脚放在离合器踏板左下方，右手移至转向盘右侧。

（5）将车门关至距车门框20cm时稍作停顿，再用力将车门关好。

教学参考案例

开车前应绕车一周检查车辆外观及安全状况

2013年3月1日，乔某驾车从停车位内起步时，未进行上车前检查，将醉酒滞留车前下方的周某压死。法院认为，周某醉酒后丧失感知能力，持续滞留在机动车前下方，因此周某本人对于本案交通事故发生有明显过错。同时，乔某作为机动车驾驶员，在取得驾驶证前的培训及考试中，均被要求开车前应绕车一周检查车辆外观及安全状况，这项要求应属机动车驾驶员应遵守的行为规范之一，也是机动车驾驶员安全保障义务的一部分。本案中，乔某未能做到这一点，以致未能避免事故的发生，故其对事故的发生亦存在过错，最终法院酌定乔某在此次事故中承担50%的责任。

2）上车后调整

（1）调座椅。

①调整座椅位置，一手握转向盘，另一手握座椅调整手柄，前后滑动座椅，调整到能够将离合器踏板和制动踏板轻松踏到底的位置。调整完毕后要检查座椅是否锁定。

②调整座椅靠背，一手握转向盘，另一手调整座椅靠背调整旋钮或手柄，将座椅靠背调整到合适位置。

③调整座椅头枕，将头枕调整到与后脑勺平齐的高度。

（2）调后视镜。

①调整外后视镜，调整到在外后视镜观察到的车身占后视镜横向面积的1/4，车外景物占3/4，地平线位于后视镜中间。

②调整内后视镜，保持正确的驾驶姿势，调整到从内后视镜转眼就可看到车后全部情况为宜。

（3）系、松安全带。

①系安全带：将安全带缓速拉出，使安全带系于颈部与肩部之间，将安全带插头插入插座，检查是否插牢，如图3-1所示。

②松安全带：一手拉安全带，另一手按下安全带插座锁定按钮，双手将安全带复位。

图3-1 系安全带

教学参考案例

安全带就是"生命带"

某日下午4点左右，一辆乘坐两人的桑塔纳轿车在从涪陵至重庆的高速公路上飞速行驶，行至沙溪村时，由于车速过快，车子撞在了护栏上，随即发生翻滚。

经调查，当时车辆平均车速为112km/h，属于超速行驶发生的交通事故。副驾驶座的乘客由于未系安全带，已被甩至车辆后排。由于其头部与后排的右后角车柱猛烈撞击，导致颅内出血死亡。驾驶员因事故发生时，系了安全带，虽然撞击中驾驶室左侧受力最强，但伤势并不严重，仅面部受伤。

3）驾驶姿势

（1）双脚——左脚放在离合器踏板左侧，右脚放在加速踏板上。

（2）双腿——自然放松，两腿自然分开。

（3）双手——左手握转向盘9至10点间位置，右手放在3至4点间位置。

（4）双肩、双臂——放松。

（5）双眼——看远顾近，注意两侧。

4）下车动作

（1）通过观察内外后视镜和转头观察周围交通环境。

（2）确认安全后，打开车门约20~30cm。

（3）探头后看，再次确认安全后将车门完全打开下车，如图3-2所示。

（4）下车后将车门关严。

图3-2　下车前探头后看

教学参考案例

开车门前要认真观察后方情况

2013年11月15日下午，53岁钱某驾驶一辆小型轿车外出，半途中突然感到身体不适，遂将车停在路边的非机动车道内。在她打开车门前没有观察后方情况，结果后方朱某驾驶电动车撞上了突然打开的车门，被车门弹出很远后重重摔倒在地。朱某最终经抢救无效死亡。法院判定钱某承担事故全部责任，以交通肇事罪判处其有期徒刑1年，缓刑1年，并赔偿经济损失。

5）评判标准

（1）不绕车一周检查车辆及周围环境扣100分。

（2）打开车门前不观察后方交通环境扣100分。

5. 指导练习

（1）训练初期要放慢训练节奏。

（2）分上车动作、驾驶姿势、下车动作三个步骤，分别进行训练。

（3）学员容易出现的问题：

①上下车动作不协调，身体进入驾驶室时动作顺序出错。

②忘记安全观察。

③驾驶视野过近、过窄。

二 操纵装置的规范操作方法

1. 教学目的

掌握操纵装置的正确操作方法。

2. 教学要求

熟练掌握转向盘、变速器操纵杆、驻车制动装置、离合器踏板、制动踏板、加速踏板的操作方法。

3. 重点难点

驾驶操纵装置的规范操作。

4. 教学内容

1）转向盘

（1）功用。

用于改变或保持汽车的行驶方向。

（2）操作方法。

①将转向盘比作钟表盘，左手握在9至10点间位置，右手握在3至4点间位置。拇指伸直按住转向盘外轮缘，其他四指并拢由外向内握住转向盘。

②操作转向盘时，以左手为主右手为辅，拉动或推送转向盘。

（3）操作注意事项。

①除换挡或操作其他机件外，严禁单手操作转向盘，严禁双手同时离开转向盘。

②严禁原地"打方向、掏方向、揎方向"。

③湿滑路、弯道路上操作转向盘的幅度要小。

④不能将转向盘转至极限位置。

教练员指导学员操作转向盘如图3-3所示。

图3-3 指导学员操作转向盘

2）变速器操纵杆

（1）功用。

用于改变变速器齿轮结合状态，适应不同情况行驶的需要。

（2）操作方法。

①掌心贴住变速器操纵杆球头，五指自然将球头握住。

②操作时以手腕及肘关节的力量为主，肩关节的力量为辅。

（3）操作注意事项。

①不准晃动、强推硬拉变速器操纵杆。

②换挡时要将变速器操纵杆推拉到底，使齿轮完全啮合。

③换挡时两眼应注视前方，不得低头下看变速器操纵杆。

④前进挡与倒挡互换时，要踩两脚离合器踏板，必须在汽车停稳后进行。

教学参考案例

开车时不能低头下看

2014年11月3日上午，40岁的沪籍驾驶员赵某驾驶一辆大型客车由上海前往浙江省嵊泗县。10时8分许，当车辆沿洋山岛东海大道最右侧机动车道由西向东行驶至能源路西约300m处时，发生交通事故车辆向右偏离，碰擦道路右侧路缘石后，向左急转方向，造成车辆失控侧翻。事故造成6人当场死亡，包括驾驶员赵某在内的43人不同程度受伤。

这起惨祸的原因基本查明，系客车驾驶员赵某驾驶车辆时弯腰低头捡拾跌落的手机，导致车辆偏离车道，碰擦道路路缘石后侧翻，造成这场惨剧发生。

3）驻车制动器操纵杆

（1）功用。

用于停车后制动，防止汽车溜动，也能辅助行车制动器以增加整车的制动效能；以及在上坡路段上的起步。

（2）操纵方法。

①拉起时，四指并拢握住驻车制动器操纵杆，向上或向后拉紧，即起制动作用。

②放松时，四指并拢握住驻车制动器操纵杆稍向上或向后拉，然后拇指按下按钮，再将驻车制动器操纵杆向下或向前推到底，即解除制动。

③操作脚踏式驻车制动器，左脚踏下驻车制动踏板，驻车制动器起作用；将踏板踏下再抬起，解除制动。

（3）操作注意事项。

①拉起时，用力均匀，随着拉起阻力的增加逐渐加力。

②放松时，一次到底，以防车辆处在半制动状态。

③严禁车未停稳便使用驻车制动装置。

4）离合器踏板

（1）功用。

控制发动机与传动部分的连接与脱离，实现发动机动力的传递与切断。

（2）操纵方法。

①踏时快速、一踏到底。

②抬时快慢要有层次，做到快、停、慢、离。

（3）操作注意事项。

①起步时或换挡后，不得猛抬离合器踏板。

②行驶中不得将脚长时间放在离合器踏板上。

5）制动踏板

（1）功用。
用于减速和停车。
（2）操纵方法。
①操作时两手应握稳转向盘，以右脚跟为支点，制动力的大小根据交通情况决定。
②除紧急制动外，一般都应缓慢踏下制动踏板，解除时应迅速抬起。
（3）操作注意事项。
①使用行车制动时应双手握稳转向盘。
②下长坡时，应以发动机牵阻作用控制车速为主，不能长时间踏制动踏板。
③在湿滑道路上，应尽量使用低速挡控制车速，严禁紧急制动。

6）加速踏板
（1）功用。
控制进入气缸内可燃混合气的浓度和数量实现加速和减速。
（2）操作方法。
以右脚跟为支点，前脚掌轻踏在加速踏板上，要做到轻踏、缓抬。
（3）操作注意事项。
①在湿滑的道路上，禁止急踏急抬加速踏板。
②冬季起动汽车，严禁猛踏加速踏板提高发动机的温度。

5. 教学注意事项
（1）训练初期要放慢训练节奏。
（2）学员练习时容易出现的问题：
①原地"打方向、掏方向、揣方向"，双手同时离开转向盘。
②低头看变速器操纵杆，掌握挡位位置不准确。
③不能完全放松驻车制动器操纵杆、拉起时用力过大。
④换挡时离合器踏板踩不到底、行驶中左脚长时间放在离合器踏板上。
⑤踏加速踏板用力不均匀。
⑥踏制动踏板用力过大、松制动踏板不及时。

三 起步与停车

1. 教学目的
掌握安全平稳起步与停车的操作方法。
2. 教学要求
熟练掌握起步和停车时车辆检查、安全观察以及起步和停车的操作。
3. 重点难点
起步和停车时车辆检查、安全观察，起步停车的正确操作方法。
4. 教学内容
1）检查车辆
（1）起动发动机前检查。

①离合器踏板、制动踏板和加速踏板是否能踏到底,各踏板下方及周围是否有杂物。
②变速器操纵杆是否在空挡位置,自动挡汽车检查变速器操纵杆是否在P挡位置。
③驻车制动装置是否处于制动状态。
(2) 起动发动机后检查。
①各仪表指示车辆各机构是否正常。
②踏下离合器踏板,顺时针转动点火开关至起动位置,发动机起动后及时松开钥匙。
③每次起动发动机的时间不得超过 5s,两次起动间隔应超过 15s。
④发动机起动运转平稳后,松开离合器踏板。
(3) 停熄发动机。
①将点火开关钥匙逆时针旋转至熄火位置。
②将钥匙拔出。
2) 安全观察
起步前,应通过内外后视镜和转头观察,确认车辆周围交通情况安全。
3) 起步操作
(1) 一踏:左脚踏离合器踏板。
(2) 二挂:右手挂1挡。
(3) 三打:左手打开左转向灯。
(4) 四鸣:右手鸣喇叭。
(5) 五看:左右看后视镜及室内后视镜。
(6) 六松:右手松驻车制动器操纵杆。
(7) 七抬:左脚抬离合器。
(8) 八加:右脚踩加速踏板。
教练员向学员讲解起步动作如图3-4所示。

图3-4 讲解起步动作

4) 停车操作
(1) 车辆靠边停车的过程:开右转向灯、看右后视镜、踩制动踏板、向右转动转向盘。
(2) 摆正车身的过程:车靠边后利用车辆惯性沿路边继续慢速行驶,调整车身使车身距路缘石30cm以内。
(3) 停车的过程:踩制动踏板做到轻、重、轻,停车后先拉驻车制动器操纵杆然后挂空挡。
(4) 将发动机熄火。

5. 教学注意事项
(1) 让学员明确起步前的车辆检查和安全观察的重要性。
(2) 分步骤训练,分别是检查车辆、起动发动机、安全观察、起步、停车。

（3）学员练习容易出现的问题：
①操作不规范，动作顺序颠倒。
②忘记安全观察。
③车辆熄火、闯动。

第二节 场地驾驶

场地驾驶包括倒车入库、坡道定点停车和起步、侧方停车、曲线行驶、直角转弯、通过单边桥、通过限宽门、通过连续障碍、起伏路行驶、窄路掉头、倒车进库侧方移位、模拟高速公路驾驶、模拟连续急弯山区路驾驶、模拟隧道驾驶、模拟雨（雾）天驾驶、模拟湿滑道路驾驶、模拟紧急情况处置等教学项目。

一 倒车入库

教练员进行倒车入库讲解如图3-5所示。
1. 教学目的
锻炼学员驾驶车辆从两侧倒入车库的技能。
2. 教学要求
掌握从左右两侧倒入车库的能力。
3. 重点难点
（1）倒入车库前，使车辆距路边线保持150cm左右的停车距离。
（2）车速的平稳控制。
（3）倒车过程中行驶路线的调整。
4. 教学内容
1）场地设置（图3-6）

图3-5 进行倒车入库讲解

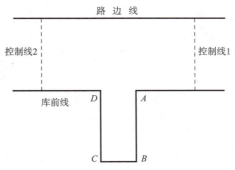

图3-6 倒车入库场地平面图

（1）库宽：即A、D间距离，为车宽（不含后视镜）加60cm。

（2）库长：即 A、B 间距离，为车长加 70cm。

（3）车道宽：即控制线长度，为 1.5 倍车长。

（4）车库距控制线距离：车身长的 1.5 倍。

2）行驶路线

（1）车辆自控制线 1 后倒至桩库。

（2）自车库左转至控制线 2，车头越过控制线 2 后停车。

（3）自控制线 2 倒入车库。

（4）驶出车库右转，车身轧控制线。

3）操作方法

（1）从控制线 1 倒入车库。

①将车辆停在距路边线 1.5m 左右的位置，车头轧控制线 1。

②挂倒挡直线后倒，估计车尾接近 A 点时，将转向盘顺时针转至极限位置，继续倒车。

③操纵转向盘使车身与 A 点的距离保持在 30cm 左右。通过右后视镜观察，如果车身与 A 点的距离小于 30cm，逆时针转动转向盘；如果大于 30cm，顺时针转动转向盘；如果保持在 30cm 左右，转向盘保持不动。

④当转向盘再次顺时针转至极限后，此时车尾就已经开始入库。通过左后视镜观察，当车身与 DC 线平行时，迅速将转向盘回正。

⑤当车身入库后，通过左右后视镜观察，调整方向，使车身与 AB、DC 线的距离保持在 30cm 左右。

⑥当左后视镜与库前线重合时（此时车身已经完全入库）停车。

（2）驶出车库。

①挂 1 挡前行，当车头距路边线约 30cm 时，将转向盘向左转至极限位置。

②当车头越过控制线 2 时，回正转向盘停车。

（3）从控制线 2 倒入车库。

①挂倒挡直线后倒，估计车尾接近 D 点时，将转向盘逆时针转至极限位置，继续倒车。

②操纵转向盘使车身与 D 点的距离保持在 30cm 左右。通过左后视镜观察，如果左侧车身与 D 点的距离如果小于 30cm，顺时针转动转向盘；如果大于 30cm，逆时针转动转向盘；如果保持在 30cm 左右，转向盘保持不动。

③当转向盘再次逆时针转至极限后，此时车尾就已经开始入库。通过左后视镜观察，当车身与 DC 线平行时，迅速将转向盘回正。

④当车身入库后，通过左右后视镜观察，调整方向，使车身与 AB、DC 线的距离保持在 30cm 左右。

⑤当左后视镜与库前线重合时（此时车身已经完全入库）停车。

（4）驶出车库。

挂 1 挡前行，当发动机罩与路边线即将重合时，将转向盘向右转至极限，驶离倒车入库场地。

4）评判标准

（1）不按规定路线顺序行驶，扣 100 分。

（2）车身出线，扣 100 分。

（3）中途停车，扣 100 分。

（4）倒库不入，扣 100 分。

5. 教学注意事项

（1）重点训练学员对车速的控制。

（2）指导学员调整好后视镜、保持好驾驶姿势。

（3）转向时机的观察位置因学员而异。

（4）学员练习过程中容易出现的问题：

①车速控制不稳定，解决办法是训练学员利用离合器半联动的操作来控制车速。

②回正转向盘的时机选择不准确，解决办法是训练学员稳定地控制车速和训练学员采用正确的驾驶姿势。

二 侧方停车

教练员指导学员练习侧方停车如图 3-7 所示。

图 3-7　指导学员练习侧方停车

1. 教学目的

培养学员将车辆停入道路右侧车位（库）中的技能。

2. 教学要求

掌握将车辆停入道路右侧车位（库）中的方法。

3. 重点难点

（1）倒车前车辆在车库前方停车时，车身与车库边线距离 30mm 左右。

（2）车速的稳定控制。

（3）操作过程中回正转向盘时机的把握。

4. 教学内容

1）场地设置（图 3-8）

（1）L——车位长，大型客车为 1.5 倍车长减 1m，小型车辆为 1.5 倍车长加 1m，其他车辆为 1.5 倍车长。

（2）W——车位宽，车宽加80cm。
（3）w——车道宽，1.5倍车宽加80cm。

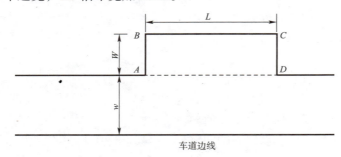

图3-8 侧方停车场地平面图

2）操作要求

驾驶车辆在库前方靠右停稳后，一次倒车入库，中途不得停车，车轮不轧碰路边线、库位线。

3）操作方法

（1）车辆沿右侧道路边缘线，相距30mm左右低速行驶，当车尾驶过库边线 AB 线后停车，注意车身要停正。

（2）挂倒挡保持稳定车速后倒，估计车尾与 AB 线平行时，将转向盘顺时针转至极限。

（3）通过左后视镜观察，当 C 角出现时将转向盘逆时针回正。

（4）通过左后视镜观察，当车左后轮轧 AD 线时将转向盘逆时针转至极限。

（5）当车身入库后停车，拉紧驻车制动器操纵杆，挂空挡。

4）评判标准

（1）车辆入库后，车身任何部位出线扣100分。

（2）操作过程中中途停车的扣100分。

（3）轧车道边线的扣10分。

5. 教学注意事项

（1）重点训练学员对车速的控制。

（2）指导学员调整好后视镜、保持好驾驶姿势。

（3）转向时机的观察位置因学员而异。

（4）学员练习过程中容易出现的问题：

①车速控制不稳定，解决办法是训练学员利用离合器半联动的操作来控制车速。

②回正转向盘的时机选择不准确，解决办法是训练学员稳定地控制车速和驾驶姿势。

三 坡道定点停车和起步

1. 教学目的

锻炼学员在上坡路段驾车的技能，以适应在上坡路段停车与起步的需要。

2. 教学要求

停车准确、起步平稳。

3. 重点难点

车辆定点停车的准确性，起步时离合器、制动踏板、加速踏板的配合操作。

4. 教学内容

1）场地设置（图3-9）

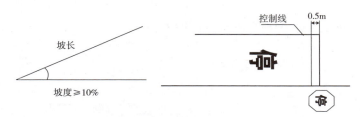

图3-9　坡道定点停车与起步平面图

（1）路宽：大于等于7m。

（2）定点停车桩杆距坡底大于1.5倍车长。

（3）全坡长大于30m，坡度大于等于10%。

2）操作要求

驾驶车辆上坡准确定点停车，平稳起步驶离该科目场地。

3）上坡定点停车操作方法

保持平稳速度上坡，注意车身距路边线不大于30cm，车辆前保险杠与停止线平齐后停车。

4）坡道起步操作方法

（1）打开左转向灯，将变速器操纵杆挂入1挡。

（2）根据坡道陡度适当稳定踏加速踏板。

（3）适量抬离合器踏板，车身开始逐渐发抖，当车身抖动较强时，左脚不要继续抬离合器踏板，稍停顿。

（4）右手放松驻车制动器操纵杆的同时，右脚适量踏加速踏板，使车辆平稳起步。

5）评判标准

（1）前保险杠未定于桩杆线上、前后超出50cm扣100分。

（2）前保险杠未定于桩杆线上、前后未超出50cm扣10分。

（3）起步超过规定时间扣100分。

（4）车身距离路边缘线30cm以上扣10分。

（5）起步时车辆后溜距离大于30cm扣100分。

（6）起步时车辆后溜距离小于30cm扣10分。

5. 教学注意事项

（1）练习初期可在平路上模拟坡道起步练习，动作练习熟练后再到坡路上练习。

（2）先练习起步的平稳性，再练习车辆定点停车的准确性。

（3）学员容易出现的问题：

①定点停车不到位。

②车身距离路边缘线超过 30cm。
③发动机熄火或车辆后溜。

四 曲线行驶

1. 教学目的
培养学员在曲线路段，驾驶车辆行驶的能力。
2. 教学要求
掌握操作转向盘控制车辆行驶的方法。
3. 重点难点
转向盘的操作和转向时机的把握、车辆行驶轨迹的判断和控制。
4. 教学内容
1）场地设置（图 3-10）

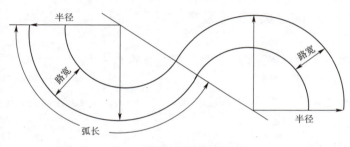

图 3-10 曲线行驶场地平面图

（1）半径：大型车辆为 12m（牵引车为 20m），小型车辆为 7.5m。
（2）路宽：大型车辆为 4m（牵引车为 7m），小型车辆为 3.5m。
（3）弧长：八分之三圆周。
2）操作方法
（1）驶入该科目场地前降低车速，换入低速挡。
（2）进入该科目场地时（入弯时）靠外圆线行驶。
（3）驶离该科目场地时（出弯时）靠近另外一侧外圆线行驶。
3）评判标准
（1）车轮轧路边缘线，扣 100 分。
（2）中途停车，扣 100 分。
5. 教学注意事项
（1）练习时可先在模拟器上进行转向盘练习。
（2）学员容易出现的问题：
①对外侧车轮行驶位置把握不准确。
②控制方向时机不佳，转向时机掌握不准确。

五 直角转弯

1. 教学目的

培养学员驾驶车辆运动中正确操纵转向盘转急弯的技能。

2. 教学要求

在急弯路段正确操作转向装置，准确判断内外轮差。

3. 重点难点

转向盘的操作和时机把握、车辆内外轮差的判断和控制。

4. 教学内容

1) 场地设置（图3-11）

（1）L——路长，大于等于1.5倍车长。

（2）W——路宽，小型车辆为轴距加1m，牵引车为轴距加3m，其他车辆为轴距加50cm。

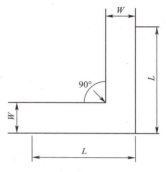

图3-11　直角转弯场地平面图

2) 操作方法

（1）驾驶车辆按规定的路线减速行驶，向左或向右一次性通过。

（2）进入该科目场地时，尽量使车身远离凸出点行驶。

（3）当车辆后视镜与凸出点平行或车辆前端与边缘线重合时，将转向盘向凸出点一侧转至极限。

（4）车身即将摆正时，将转向盘回正。

3) 评判标准

（1）车轮轧路边缘线，扣100分。

（2）中途停车，扣100分。

5. 教学注意事项

（1）重点训练学员对车速的控制和对转向盘的操作。

（2）学员容易出现的问题：

对车轮位置和行驶轨迹判断不当以及对转向盘操作不当，致使车轮轧边缘线或凸出点。

六 倒车进库侧方移位

1. 教学目的

掌握准确判断车辆行驶位置，操控车辆进行倒车进库、移位和出库的方法。

2. 教学要求

掌握从左右两侧倒入车库及移库的能力。

3. 重点难点

（1）倒车起点位置车身与路边线距离1.5~2m。

（2）倒车过程中行驶路线的调整。

4. 教学内容
1）场地设置（图 3-12）

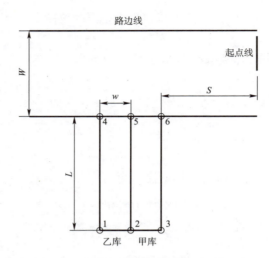

图 3-12 倒车进库侧方移位场地平面图

（1）○——桩杆；▬▬——边线。
（2）L——桩（库）长：取值 2 倍车长，前轮驱动车加 50cm。
（3）w——桩（库）宽：取值车身宽（不含倒车镜）加 70cm。
（4）W——车道宽：取值 1.5 倍车长。
（5）S——起点距甲库外边线距离：取值 1.5 倍车长。

2）行驶路线
（1）车辆自起点线后倒至乙库。
（2）通过两进两退的方式将车辆移至甲库。
（3）自甲库穿 4、5 杆驶出车库左转。
（4）自停止线倒入甲库。
（5）自甲库直行右转出库。

3）操作方法
（1）倒入乙库。
①将车辆与路边线保持 160~180cm 在起点处停正。
②挂倒挡自起点线直线后倒，观察车身与桩杆位置。
③估计车尾与 5 杆平行时将转向盘顺时针转至极限。
④观察车右后角，适当调整转向盘，使车右后角始终与 5 杆保持 30cm 左右距离。
⑤车尾入库后，将转向盘回正，然后观察车左右后角与 1、2 杆距离保持均匀，车辆入库后停车。

（2）侧方移位。
①第一次前进。起步后将转向盘向右转至极限，要求先慢后快，防止车左后角出库

边线。当车左前角对准 5 杆时，将转向盘向左转至极限，车身正时回正转向盘停车。

②第一次后退。起步后将转向盘向右迅速转至极限，观察车右前角与 5 杆对齐时将转向盘向左转至极限，车身正时回正转向盘停车。

③第二次前进。起步后向右转动转向盘，观察发动机罩中心与 6 杆对齐时，向左回正转向盘，车身正时回正转向盘停车。

④第二次后退。起步后观察车左右后角，适当调整方向使车左、右后角与 2、3 杆距离基本相等，车辆完全进入甲库后停车。

（3）穿库。

车辆起步后，向左适量转动转向盘，使车辆穿 4、5 杆驶出车库左转，车身轧停止线后停车。

（4）倒入甲库。

①挂倒挡自起点直线后倒，观察车身与桩杆位置。

②估计车尾与 5 杆平行时，将转向盘向左转至极限。

③观察车左后角，适当调整转向盘，使车右后角始终与 5 杆保持 30cm 左右距离。

④车尾入库后，将转向盘回正，然后观察车左右后角与 2、3 杆距离保持均匀，车辆入库后停车。

（5）出库。

车辆直行，适量向右转动转向盘右转出库。

4）评判标准

（1）不按规定路线行驶扣 100 分。

（2）碰擦桩杆扣 100 分。

（3）车身出线扣 100 分。

（4）倒库不入扣 100 分。

（5）中途停车或运行时间超时扣 100 分。

5. 教学注意事项

（1）训练时可分步骤训练，即先练习倒库再练习侧方移位。

（2）本科目练习对转向盘操作要求较高，可采取在模拟器上进行转向练习与本科目练习同步进行。

（3）大型车辆由于后悬较长，车辆进退转向时容易造成车尾"出线"，因此要注意训练学员对后悬空间位置的判断。

七 通过单边桥

教练员指导学员进行通过单边桥练习如图 3-13 所示。

1. 教学目的

培养学员准确运用转向盘、正确判断车轮直线行驶轨迹、操作车辆不平行运行的能力。

2. 教学要求

掌握驾驶车辆通过左右两个单边桥的技能，中途不能停车，车轮不掉桥。

3. 重点难点

（1）转向盘的准确运用，车轮行驶轨迹的掌握。

（2）上桥前转向盘的转动时机和转动幅度的把握。

图3-13 指导学员进行通过单边桥练习

4. 教学内容

1）场地设置（图3-14）

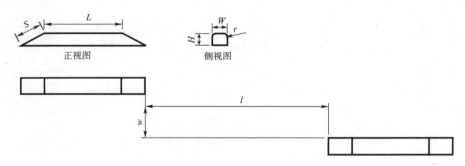

图3-14 通过单边桥场地平面图

（1）L——桥面长度，1.5倍车辆轴距。

（2）W——桥面宽度，20cm。

（3）H——桥面高度7~12cm。

（4）l——左右桥间距，牵引车挂车为2倍轴距，其他车辆为2.5倍轴距。

（5）w——左右桥错位间距，车辆轮距加1m。

（6）S——桥面斜坡长，大于等于0.3m。

（7）r——桥面倒角圆曲线半径，各类车型均取值0.04。

2）操作要求

驾驶车辆直行，使车辆左侧车轮轧左桥，右侧车轮轧右桥通过。

3）操作方法

（1）上桥前使用低速挡。

（2）通过左桥，左前轮对正左桥，直线行驶上桥，上桥后握稳转向盘控好车速。

（3）通过右桥，车辆左后轮下桥后向右转一圈转向盘，车头约1/2对准右桥时，向左转两圈转向盘,车身正时回正转向盘。适当修正方向,使车右侧车轮轧右桥上桥。上桥后握稳转向盘控好车速。

4)评判标准

(1)中途停车扣 100 分。

(2)其中有一车轮未上桥,每次扣 10 分。

(3)车轮上桥后,每一个轮掉桥一次扣 10 分。

5.教学注意事项

学员练习时易出现掉桥和上不去桥的情况,需多加练习,才能加强学员对车体的方位感,正确估计车轮运行轨迹,从而提高修正转向盘的能力。

八 限速通过限宽门

1.教学目的

培养学员在一定车速下对车身位置的正确判断能力。

2.教学要求

驾驶车辆在不低于 10km/h 速度下顺利通过限宽门,不得碰擦悬杆。

3.重点难点

(1)转向盘的准确运用,车轮行驶轨迹的掌握。

(2)上桥前转向盘的转动时机和转动幅度的把握。

4.教学内容

1)场地设置(图 3-15)

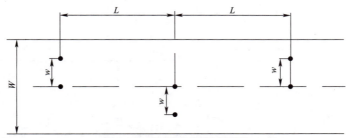

图 3-15 通过限宽门场地平面图

(1)●——限宽门吊杆。

(2)-----——道路中心线。

(3)W——路宽,大于等于 7m。

(4)w——限宽门宽,车宽加 60cm。

(5)L——限宽门前后间距,3 倍车长。

2)行驶路线

驾驶车辆保持 10km/h 以上车速直行,依次通过各限宽门。

3)操作方法

(1)保持车速 10km/h 以上车速直行,使车头对准限宽门中间位置。

(2)估计车身 1/2 处在限宽门两杆时,向右适量转动转向盘,使车头对准下一限宽门中间直行。

（3）当车辆风窗玻璃左下角对准第三个限宽门左杆时回正转向盘，使车头对准第三个限宽门中间驶出本科目场地。

4）评判标准

（1）不按规定路线顺序行驶扣 100 分。

（2）碰擦限宽门标杆，每次扣 100 分。

（3）中途停车扣 100 分。

（4）车辆行驶速度低于 10km/h 扣 10 分。

5. 教学注意事项

学员可分步骤练习，先在低速情况下通过限宽门，待操作熟练时再将车速提高通过。

九 通过连续障碍

1. 教学目的

培养学员正确通过连续障碍，掌握对各车轮行驶轨迹和内轮差位置的判断能力。

2. 教学要求

通过时车轮不得碰、擦、轧圆饼，不得轧两侧边缘线，不得中途停车。

3. 重点难点

（1）掌握转向盘的正确运用以及目测距离的方法。

（2）通过连续障碍时，车辆内、外轮差的判断。

4. 教学内容

1）场地设置（图 3-16）

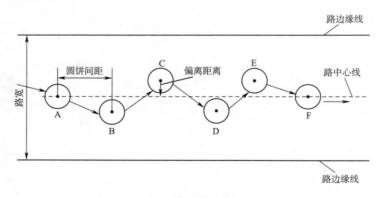

图 3-16 通过连续障碍场地平面图

（1）路宽：7m。

（2）圆饼直径：70cm，B、C、D、E 圆饼中心点偏离路中心线 1m。

（3）饼高：10cm。

（4）圆饼间距：

指相邻两块圆饼中心点投影在路中心线上之间的距离。大型客车、城市公交车、大型货车所考核的圆饼间距为 2 倍车辆最前轮轴至最后轮轴距，牵引车圆饼间距为 1.5 倍轴距（轴距是牵引车前轴至挂车最后轴的轴距），其他汽车圆饼间距为 2.5 倍的车辆轴距。

（5）圆饼数量：牵引车只设 A、B、C 3 个圆饼，其他车辆设置 6 个圆饼。

2）操作方法

（1）车辆起步后适量调整转向盘，使车头 1/4 处对准 A、B 两饼连线，直行通过 A、B 饼。

（2）风窗玻璃左立柱对准 C 饼时，将转向盘向左迅速转 2 圈，看不到 C 饼时回正转向盘。

（3）风窗玻璃右立柱接近 D 饼时，迅速向右转 2 圈转向盘，看不到 D 饼时回正转向盘。

（4）风窗玻璃左立柱过 E 饼时，迅速向左转 2 圈转向盘，看不到 E 饼时回正转向盘。

（5）风窗玻璃右立柱接近 F 饼时，迅速向右转 2 圈转向盘，看不到 F 饼时回正转向盘驶离该科目场地。

3）评判标准

（1）不按规定路线顺序行驶扣 100 分。

（2）车轮轧道路边缘线扣 100 分。

（3）轧、碰、擦一个圆饼扣 10 分。

5. 教学注意事项

学员练习时易出现轧、碰、擦圆饼的情况，需多加练习，加强学员对车体的方位感，从而有修正转向盘的能力。

➕ 起伏路行驶

1. 教学目的

培养学员正确通过连续起伏路面的操作能力。

2. 教学要求

通过时，做到行驶平稳，不得中途停车。

3. 重点难点

通过本科目场地时对方向及车速的控制。

4. 教学内容

1）场地设置（图 3-17）

（1）L——凹凸路引道及间距长度，大于车辆的 1.5 倍轴距。

（2）凹路深及凸路高，大型客车为 6cm，其他车辆为 12cm。

（3）路宽，各类汽车道均取值 ≥ 3.5m。

（4）凹路及凸路长度，车轮直径加 60cm。

2）操作方法

驶入本科目前，降低车速换入低速挡，握稳转向盘通过。

3）评判标准

（1）通过起伏路面时，车速控制不当造成车辆严重跳跃扣 100 分。

（2）中途停车扣 100 分。

（3）通过前不减速扣 10 分。

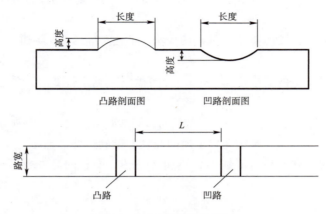

图 3-17 起伏路行驶平面图

5. 教学注意事项

重点训练通过该科目时的平稳性。

十一 窄路掉头

1. 教学目的

使学员掌握在狭窄路面掉头的技能。

2. 教学要求

驾驶车辆行至掉头路段靠右停车，在不超过三进二退的情况下完成掉头。

3. 重点难点

车体方位感知能力和车轮在路面位置的判断。

4. 教学内容

1）行驶路线

驾驶车辆行至掉头路段靠右停车，在不超过三进二退的情况下完成掉头，如图 3-18 所示。

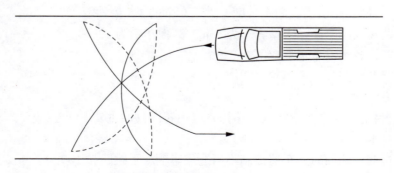

图 3-18 窄路掉头路线图

2）操作方法

（1）第一进，车辆减速靠右后，开启左转向灯，挂 1 挡，车辆靠右侧边缘 30cm 左右时将转向盘迅速向左转至极限，当左前轮距路边线约 1m 左右时停车。

（2）第一退，挂入倒挡，起步后迅速将转向盘向右转至极限，从右后视镜观察右后轮，当右后轮距路边线 1m 左右时，回正转向盘停车。

（3）第二进，起步后迅速将转向盘向左转至极限，当右前轮距路边线 1m 左右时，回正转向盘停车。

（4）第二退，挂入倒挡，起步后迅速将转向盘向右转至极限，从左后视镜观察左后轮距路边线大约 1m 时，回正转向盘停车。

（5）第三进，挂入 1 挡起步，将转向盘迅速向左转动，当车身右侧与路边线平行时回正转向盘直行，完成掉头后靠边停车。

3）评判标准

（1）三进两退未完成掉头扣 100 分。

（2）车轮轧路边缘线扣 100 分。

（3）中途停车或超过规定时间扣 100 分。

5. 教学注意事项

（1）指导学员在掉头时对周围交通环境的安全观察。

（2）重点训练通过该科目场地时的车速控制和转向盘操作。

十二　模拟高速公路驾驶

1. 教学目的

使学员掌握在模拟高速公路上完成匝道驶入主道、变更车道、驶离高速公路等操作。

2. 教学要求

驾驶车辆进入、驶离高速公路，正确变更车道。

3. 重点难点

车体方位感知能力和车轮在路面位置的判断。

4. 教学内容

1）操作要求

从模拟高速公路入口驶入，完成并道、变更车道等操作后驶离模拟高速公路。

2）操作方法

（1）车辆驶入匝道口后，开启左转向灯，观察交通情况确认安全后驶入行车道，按最低限速行驶后关闭转向灯。

（2）变更车道时，开启准备驶入车道一侧的转向灯，观察交通情况，确认安全后变更车道。

（3）驶离模拟高速公路时，按照出口预告标志，提前减速驶离。

3）评判标准

（1）行驶中占用两条车道、应急车道或车辆前后 100m 均无其他车辆仍不靠右侧车道行驶扣100分。

（2）变更车道未开启转向灯或未观察交通情况扣100分。

（3）驶入模拟高速公路时未提速至规定车速扣100分。

（4）驶离高速公路时，未按照出口预告标志提前调整车速和车道扣100分。

5. 教学注意事项

（1）重点训练通过该科目时的车速控制和转向盘操作。

（2）注意让学员体会在高速行驶变更车道时转向盘的转动幅度。

十三 模拟连续急弯山区道路驾驶

1. 教学目的

使学员掌握在模拟山区道路交通驾驶特点和驾驶操作技能，确保山路、急弯路行车安全。

2. 教学要求

车辆行驶至弯道前减速，靠右行驶，鸣喇叭后驶入弯道，行驶时不得占用对方车道。

3. 重点难点

（1）山路行驶时对车速的控制。

（2）通过弯路时做到提前减速、鸣喇叭。

（3）进入弯道时减速，驶离弯道时提速。

4. 教学内容

1）行驶路线

驾驶车辆直行通过连续急弯山区路。

2）操作方法

（1）上坡时选择合适挡位，使车辆保持足够动力，确保稳定车速。

（2）通过弯道时充分估计车辆内轮差和行驶路线。如左转弯，先鸣喇叭，提前减速减挡并靠边行驶，接近弯道中心时将车辆靠道路中心线行驶。如右转弯，先鸣喇叭，进入弯道前靠道路中心线行驶，出弯时靠右行驶。

3）评判标准

（1）进入弯道前未将车速减至规定速度扣100分。

（2）弯道内占用对方车道扣100分。

（3）转弯过程中转向盘控制不稳，车轮轧弯道中心线或道路边缘线扣100分。

（4）进入弯道前未鸣喇叭扣10分。

5. 教学注意事项

注意训练学员用发动机牵阻力控制车速。

十四 模拟隧道驾驶

1. 教学目的

使学员掌握隧道行驶时控制车速和正确使用灯光，了解并适应进出隧道时眼睛对明暗的适应性。

2.教学要求

车辆行驶至模拟隧道前观察隧道处道路交通标志，按标志要求操作。驶入隧道前先减速，开启前照灯，鸣喇叭；驶抵隧道出口时，鸣喇叭，关闭前照灯。

3.重点难点

进入隧道前减速、鸣喇叭、开前照灯，驶离隧道前鸣喇叭、关闭前照灯。

4.教学内容

1）操作方法

（1）进入隧道前先减速，并观察隧道外交通标志，驶抵隧道口鸣喇叭、打开前照灯，选择车道进入隧道，按照限速要求行驶。

（2）即将驶离隧道时鸣喇叭、关闭前照灯，驶出隧道后握稳转向盘，注意横风。

2）评判标准

（1）驶抵隧道前未减速或未开前照灯扣 100 分。

（2）驶入隧道后不按规定车道行驶、变道扣 100 分。

（3）驶抵隧道出入口未鸣喇叭扣 10 分。

（4）驶出隧道后未关闭前照灯扣 10 分。

5.教学注意事项

学员练习时容易出现驶入隧道不按规定车道行驶、变道，驶出隧道后忘记关闭前照灯等情况。应注重对学员练习熟练程度、应变能力的培养。

十五 模拟雨（雾）天驾驶

1.教学目的

使学员了解雨天、雾天的交通特点，掌握刮水器与灯光的正确运用。

2.教学要求

车辆减速行驶，视雨量大小选择刮水器挡位，雾天驾驶开启雾灯、示廓灯、前照灯、危险报警闪光灯。

3.重点难点

（1）车速控制在 30km/h 以下。

（2）刮水器和灯光的正确使用。

4.教学内容

1）操作方法

（1）雨天提前减速，车速控制在 30km/h 以下，开启刮水器，根据雨量大小选择刮水器挡位。

（2）雾天开启雾灯、示廓灯、前照灯、危险报警闪光灯，保持车速平稳行驶。

2）评判标准

（1）雨天未开启或正确使用刮水器扣 100 分。

（2）雾天未开启雾灯、示廓灯、前照灯、危险报警闪光灯扣 100 分。

5. 教学注意事项

学员练习时容易出现开刮水器、灯光以及按喇叭时，单手不能有效控制转向盘的现象，以及忘记开关各种灯光及刮水器等情况。训练时可采用在车辆静止状态下练习，待熟练后再驾驶车辆进行相关规定操作。

十六 模拟湿滑路驾驶

1. 教学目的

使学员了解湿滑路行车特点，掌握湿滑路面驾驶技能。

2. 教学要求

在湿滑路面正确使用制动，合理控制车速。

3. 重点难点

湿滑路面减速及平稳控制车速。

4. 教学内容

1）操作方法

进入湿滑路面前，减速行驶；进入湿滑路面后使用低速挡匀速行驶，平稳控制车辆通过湿滑路段。

2）评判标准

（1）未能使用低速挡平稳通过扣 100 分。

（2）进入湿滑路面前未减速扣 100 分。

（3）通过时急加速、急制动扣 100 分。

5. 教学注意事项

重点指导学员在湿滑路面利用减挡和发动机牵阻力减速及平稳掌握转向盘。

十七 模拟紧急情况处置

1. 教学目的

通过训练使学员能够在紧急情况出现时，合理操作车辆，锻炼学员紧急情况下反应能力。

2. 教学要求

在紧急情况出现时，处理得当。

3. 重点难点

面对不同的紧急情况，能够采取正确的应对措施确保安全。

4. 教学内容

1）讲解示范操作方法

（1）前方出现障碍物时应当立即制动，迅速停车并开启危险报警闪光灯。

（2）高速公路行驶中遇到爆胎等故障时，合理减速、观察后方车辆跟车情况，将车辆平稳停靠在应急车道内开启危险报警闪光灯。发出乘员撤离至护栏外的提示，正确摆放警告标志，驾驶员本人撤离至安全地点模拟报警。

2）评判标准

（1）未及时制动扣 100 分。

（2）停车后未开启危险报警闪光灯扣 100 分。

（3）未及时平稳靠边停车扣 100 分。

（4）未及时提醒乘员疏散扣 100 分。

（5）未正确摆放警告标志或未报警扣 100 分。

（6）本人未撤离至护栏外侧扣 100 分。

5. 教学注意事项

重点指导学员面对不同紧急情况时所采取的紧急措施。

第三节 道路驾驶

《机动车驾驶培训教学大纲》第三部分道路驾驶教学内容有：跟车行驶、变更车道、靠边停车、掉头、通过路口、通过人行横道、通过学校区域、通过公共汽车站、会车、超车、夜间驾驶、行驶路线选择、恶劣条件下的驾驶、山区道路驾驶、高速公路驾驶等教学内容。现将主要教学内容进行介绍。

一 直线行驶

教练员指导学员保持直线行驶如图 3-19 所示。

图 3-19　指导学员保持直线行驶

1. 教学目的

锻炼学员合理控制车速，保持车辆沿正确的位置和路线行驶的安全操作方法。

2. 教学要求

掌握正确操纵转向盘并合理运用挡位，保持车辆直线、匀速行驶。

3. 重点难点

行驶时方向、换挡时机的把握和车辆的匀速行驶。

4. 教学内容

1）操作方法

（1）车辆行驶时做到看远顾近、注意两侧。

（2）正确操纵转向盘进行行驶方向修正。

（3）加减挡时机。当车速逐渐提高时，抬起加速踏板将离合器踏板踩到底，换入高一级挡位；当车速降低时，抬起加速踏板将离合器踏板踩到底，换入低一级挡位。

2）评判标准

（1）方向控制不稳，不能保持车辆直线运行扣 100 分。

（2）遇前车制动时不及时采取减速措施扣 100 分。

（3）不适时通过车内外后视镜观察后方交通情况扣 10 分。

（4）未及时发现路面障碍物或发现路面障碍物未及时采取减速措施扣 10 分。

（5）未按指令平稳加减挡扣 100 分。

（6）车辆运行速度和挡位不匹配扣 10 分。

5. 教学注意事项

（1）教练员指导学员时既要做到规范学员的驾驶动作又要提醒学员观察交通情况。

（2）学员在练习中容易出现的问题：

①行驶中方向跑偏，原因是学员握转向盘的力度过大、驾驶视野过近。

②换挡时"响挡"，原因是离合器踏板未踩到底、挡位选择不准确。

二 通过交叉路口

1. 教学目的

培养学员在交叉路口观察交通情况，安全直行和转弯的驾驶技能。

2. 教学要求

掌握合理观察交叉路口交通情况，减速或停车观察，正确使用转向灯，直行、左右转弯安全通过的方法。

3. 重点难点

（1）通过路口时的车速控制。

（2）通过路口时的观察。

（3）通过路口左右转弯时的要领。

4. 教学内容

1）通过交叉路口操作方法

（1）踩——踩制动踏板。

①通过路口时，车速要控制在 30km/h 以下，通过路口减速时要抬加速踏板并根据车速适量地踩制动踏板。

②一般情况下，右脚要放在制动踏板上，做好随时停车的准备。

（2）看——通过路口时的安全观察。

①看路上的交通标志、交通标线及交通信号，并根据交通标志、交通标线及交通信

号的引导减速慢行。

②观察周围的交通情况。

（3）让——减速或停车让行。

在通过路口时，做到安全文明行车，主动减速或停车让行。

2）直行通过路口

（1）有信号灯的路口。

绿灯亮或交警发出直行手势时，注意观察交通情况，直行低速通过。

（2）无信号灯的路口。

距路口 50~100m 处减速，仔细观察交通情况，确认安全后通过，做到"一看、二慢、三通过"。

（3）通过时注意避让路口的情况，随时做好停车准备。

3）通过左转弯路口

（1）提前减速进入左转弯道。

（2）有左转弯待转区的路口，在直行绿灯亮时，应进入待转区。

（3）绿灯或绿色箭头灯亮时，左转弯通过。

4）通过右转弯路

（1）提前进入右转弯车道或靠路右侧行驶。

（2）认真观察交通情况，确认安全后通过。

（3）有右转弯信号灯控制的路口，在右转弯绿灯亮时通过。

5）评判标准

（1）不按规定减速或停车观察扣 100 分。

（2）不观察左右方交通情况，转弯通过路口时未观察侧前方交通情况扣 100 分。

（3）遇有路口交通堵塞时将车辆停在路口等候，扣 100 分。

（4）左转弯通过路口时，未靠路口中心点左侧转弯扣 10 分。

5. 教学注意事项

教练员讲解操作要求，学员进行操作。

三 通过人行横道、学校区域、公交车站

1. 教学目的

锻炼学员在通过人行横道、学校区域和公交车站的安全文明驾驶能力。

2. 教学要求

合理观察交通情况，合理地减速让行。

3. 重点难点

通过人行横道、学校区域、公交车站时的观察及车速控制。

4. 教学内容

1）通过人行横道、学校区域、公交车站操作方法

（1）踩——踩制动踏板。

①通过人行横道、学校区域、公交车站时，车速要控制在 30km/h 以下，通过路口减速时要抬加速踏板并根据车速适量地踩制动踏板。

②一般情况下，右脚要放在制动踏板上，做好随时停车的准备。

（2）看——通过路口时的安全观察。

①看交通标志、标线：看到注意儿童、校车停靠点、前方有学校、人行横道线、注意行人、公交车站标志时立即减速慢行并注意观察。

②看到公交车专用车道线时，提前变道，避开公交车专用车道。

（3）让——通过路口时减速或停车让行。

①看到行人和非机动车时要减速让行。

②人行横道有行人通过时要减速或停车让行。

2）评判标准

（1）不按规定减速慢行扣 100 分。

（2）不观察左右方交通情况扣 100 分。

（3）未停车礼让行人扣 100 分。

5. 教学注意事项

教练员讲解操作要求，学员进行操作。

四 变更车道

1. 教学目的

锻炼学员在实际道路上合理选择变道时机，正确使用转向灯，安全变更车道的能力。

2. 教学要求

掌握变更车道时，观察判断安全距离，控制行驶速度，使用灯光等驾驶方法。

3. 重点难点

（1）变更车道时速度的控制和变更车道时机的掌握。

（2）变更车道时交通情况的观察。

4. 教学内容

1）安全变更车道操作方法

（1）看——认真观察周围交通环境并通过内外后视镜观察车后交通情况。

（2）打——打开转向灯保持 3s 以上，并再次观察周围交通情况。

（3）顺——在不妨碍其他车辆行驶的情况下，顺方向变更车道，然后关闭转向灯。

（4）每次只能变更一条车道。

2）超越障碍物或停放车辆变更车道

（1）借道超越时，应提前变道。

（2）发现对向有来车时，应先避让，让对向车先行。

3）转弯变更车道

（1）在有导向箭头的道路上转弯时，要提前观察导向标志路面导向箭头。

（2）按照箭头指示方向进入所需的转弯车道。

4）在车流量大的路段变更车道

（1）车流量大的路段尽可能不变更车道。

（2）确需变更车道要充分观察提前打开转向灯。

5）评判标准

（1）变更车道前，未通过内外后视镜观察后方道路交通情况扣100分。

（2）变更车道时，判断车辆安全距离不合理，妨碍其他车辆正常行驶扣100分。

5.教学注意事项

（1）教练员讲解操作要求，学员进行操作。

（2）学员容易出现的问题：

①变更车道前，不观察内外后视镜。

②观察不全面，操作不正确，妨碍其他车辆正常行驶。

五 会车

1.教学目的

培养学员在实际道路上安全、规范地进行会车。

2.教学要求

掌握安全、规范地进行会车的方法。

3.重点难点

（1）会车时车速的控制。

（2）会车时横向间距的掌握。

（3）会车地点的合理选择。

4.教学内容

1）无中心线路段会车

根据对向车辆的车速、车型及道路有关情况，选择正确地点会车，降低车速靠道路右侧进行会车。

2）有中心线路段会车

（1）在规定的行车道内行车，不能越过中心线。

（2）根据对向车辆的车速、车型及道路有关情况，选择正确地点会车，降低车速靠道路右侧进行会车。

（3）夜间会车要距对向来车150m外将远光灯换为近光灯。

3）有障碍路段会车

（1）有障碍物一侧道路的车辆应减速或停车，让对向车辆先行。

（2）对向车辆侵占行驶路线时，应马上靠边减速或停车让行。

4）狭窄路段会车

（1）根据路面宽度控制车速，保持两车间足够的横向安全距离，低速通过。

（2）会车有困难时，有让路条件的一方主动让对方先行。

（3）在狭窄坡道上会车时，下坡车让上坡车先行，下坡车已行至中途而上坡车未上坡时，下坡车先行。

5）评判标准

（1）在没有中心隔离带或者中心线的道路上会车时，不减速靠右行驶，或者未与其他车辆、行人、非机动车保持安全距离的扣 100 分。

（2）会车困难时不让行，扣 100 分。

（3）横向安全距离判断差，紧急转向避让对向来车扣 100 分。

5. 教学注意事项

（1）教练员讲解操作要求，学员进行操作。

（2）学员容易犯的错误：

①与其他车辆和行人未保持安全间距。

②横向安全间距判断差。

③选择会车地点不正确。

六 超车和让超车

1. 教学目的

培养学员在实际道路上安全、规范地超车和让超车。

2. 教学要求

掌握安全、规范地进行超车、让超车的方法。

3. 重点难点

（1）超车、让超车前的观察。

（2）超车、让超车前时机掌握。

（3）超车时车速和间距的控制。

4. 教学内容

1）超车

（1）超车前，注意观察交通情况、交通标志和标线，并通过内外后视镜观察后方和左侧交通情况。

（2）确认安全后，打开左转向灯超车，不得从被超车右侧超车。

（3）超车后，开启右转向灯，在不影响其他车辆正常行驶的情况下，驶回原车道。

2）让超车

发现后车发出超车信号时，应及时减速让后车超越，必要时辅以手势。

3）评判标准

（1）超车前不通过内外后视镜观察后方和左侧交通情况扣 100 分。

（2）超车时选择时机不合理，影响其他车辆正常行驶扣 100 分。

（3）超车时，未侧头观察被超车辆动态扣 100 分。

（4）超车时，未与被超车辆保持安全距离扣 100 分。

5. 教学注意事项

（1）教练员讲解操作要求，学员进行操作。

（2）学员容易犯的错误：
①超车前不通过后视镜观察交通情况。
②超车时影响其他车辆正常行驶。
③超车时不能与被超车辆保持安全距离。
④超车后急转转向盘驶回原车道。

七 掉头

1. 教学目的
培养学员在实际道路上合理选择掉头时机，正确使用转向灯，安全掉头的能力。
2. 教学要求
掌握安全、规范的掉头方法。
3. 重点难点
（1）掉头地点的选择。
（2）合理把握掉头时机。
（3）掉头过程中的观察和避让。
4. 教学内容
1）掉头地点的选择
（1）根据允许掉头的交通标志牌指示的地点掉头。
（2）根据道路条件或交通情况，选择不妨碍正常交通情况下，进行掉头。
2）安全掉头的操作方法
（1）看——认真观察周围交通环境并通过内外后视镜观察车后交通情况。
（2）打——确认安全后打开转向灯保持 3s 以上，并再次观察周围交通情况。
（3）挂——使用合理挡位。
（4）掉——确认安全后，选择合适时机掉头。
3）评判标准
（1）不能正确观察交通情况选择掉头时机扣 100 分。
（2）掉头地点选择不当扣 100 分。
（3）掉头前未发出掉头信号扣 100 分。
（4）掉头前，妨碍正常行驶的其他车辆和行人通行扣 100 分。
5. 教学注意事项
教练员讲解操作要求，学员进行操作。

八 夜间安全驾驶

教练员指导学员夜间行驶如图 3-20 所示。
1. 教学目的
培养学员在夜间根据各种照明情况和道路情况正确使用灯光的能力。

图 3-20 指导学员夜间行驶

2. 教学要求

掌握夜间起步、会车、超车、通过急弯、通过坡路、通过拱桥、通过人行横道或没有交通信号控制的路口时正确使用灯光的方法。

3. 重点难点

（1）正确使用灯光。

（2）对路面的识别能力和判断。

（3）夜间驾驶方法。

4. 教学内容

1）夜间灯光使用

（1）起步时的灯光使用。

（2）在照明良好的道路上行驶时灯光的使用。

（3）在没有路灯和照明差的道路上行驶时灯光的使用。

（4）停车时灯光的使用。

（5）会车、跟车、超车、让车时灯光的使用。

（6）通过交叉路口时灯光的使用。

（7）通过急弯、坡路、拱桥、人行横道时灯光的使用。

（8）发生交通事故或车辆出现故障时灯光的使用。

2）夜间道路判断及识别

（1）灯光照射距离由远至近的判断与识别。

（2）灯光照射距离由近变远的判断与识别。

（3）灯光离开路面判断与识别。

3）评判标准

（1）不能正确开启灯光扣 100 分。

（2）同方向近距离跟车时，使用远光灯扣 100 分。

（3）通过急弯、坡路、拱桥、人行横道或者没有交通信号灯控制的路口时，不交替使用远近光灯扣 100 分。

（4）会车时不按规定使用近光灯扣 100 分。

（5）通过路口时使用远光灯扣 100 分。

（6）超车时未交替使用远近光灯提醒被超车辆扣 100 分。

（7）在路边临时停车不关闭前照灯或不开启示廓灯扣 100 分。

（8）进入无照明、照明不良的道路上行驶时不使用远光灯扣 5 分。

5. 教学注意事项

教练员讲解操作要求，学员进行操作。

第四章 教学安全

JIAXIAO JIAOLIANYUAN JIAOXUE YU FUWU ZHINAN

　　实际操作教学需要在动态下进行，而学员由于技能和心理上的原因不能完全具备掌控车辆的能力，加之教练车使用特点决定了教练员教学过程存在一定的风险性。因此，教练员在教学中必须高度注意教学安全。

第一节 安全教学规范

遵守国家法律法规和驾校安全教学制度是保证教学安全的基础。因此，教练员应当认真学习领会道路交通安全法律法规和驾校安全教学规定的精神，牢固树立起"安全第一"的理念，认真对待教学安全。在教学中要熟悉教学环境、了解学员的心理情况并认真维护车辆，保证车辆的技术状态良好，才能保证训练安全。

一 自我安全要求

教练员和学员在驾驶重量不轻的教练车当中，存在安全风险，尤其是起步加速的时候，更要加强安全防范，确保教学安全。

（1）遵守有关交通安全法律法规。
（2）遵守驾校安全教学规章制度。
（3）身体或精神严重不适时严禁执教。
（4）教练车出现故障时严禁出车。
（5）恶劣的天气未经批准不得出车。
（6）不得酒后或疲劳执教。
（7）驾驶证失效时严禁执教。
（8）教学时不得脱岗、离岗。
（9）离开教练车时，须将车辆停在安全地点，并拔掉车钥匙。
（10）教学时不得做与训练无关的事情，教学时不得使用手机。
（11）遇到特殊学员（如：孕妇、病弱、老年人）要马上报告，并采取相应措施。

二 学员参训管理

（1）要求学员做到：遵守训练时间、服从训练安排、爱护教学设施设备。
（2）禁止学员有以下行为：
①饮酒后参加训练。
②身体不适参加训练。
③穿高跟鞋、拖鞋和裙子，戴手套和有色眼镜训练。
④带与训练无关人员一起进入训练区域训练。
⑤在车内抽烟，接打电话。
⑥私自起动或操作教练车及其他教学设备。

三 场地训练安全

（1）训练前采取必要的安全措施，并随时检查。
（2）将学员安排到指定的安全区域等候，并要求学员不得随便走动。

（3）训练中注意避让过往车辆以及相邻训练车辆。
（4）不得在训练场道内逆行。
（5）选择安全地点换人训练。
（6）训练时将车速控制在40km/h以下。

四 实际道路驾驶训练安全

（1）严格遵守道路交通安全法律法规（图4-1）。
（2）必须随车指导。
（3）选择安全地点更换学员。
（4）训练时将车速控制在60km/h以下。
（5）礼让其他车辆和行人。

图4-1 讲解实际道路上交通标志

第二节 教练车安全检查和卫生规范

　　教练员应当掌握车辆的技术性能，保证车辆的技术状态良好，做好出车前的车辆检查，做好教练车日常维护，并按照"整理、整顿、清理、清洁、素养、安全"的6S管理原则整理车辆卫生。

一 教练车安全检查规范

1. 训练前的检查

（1）检查教练车牌照、证件是否齐全。
（2）检查有无漏油、漏水、漏气、漏电现象。
（3）检查轮胎气压是否正常。
（4）检查灯光、喇叭、仪表、刮水器工作是否正常。
（5）检查发动机舱内各种液面是否正常（包括机油、冷却液、电解液、制动液、动力转向液、玻璃清洗液），如图 4-2 所示。

图 4-2　讲解示范训练前的车辆发动机舱检查

（6）检查风扇皮带、空调皮带、正时皮带松紧度是否正常。

（7）检查随车的灭火器、随车工具是否齐全。

（8）检查发动机运转是否平稳、声音是否正常。

2. 训练中的检查

（1）车辆起步后马上检查转向、制动是否正常。

（2）检查仪表，了解汽车各部件工作是否正常。

（3）检查车辆有无异常气味及异常响声。

（4）检查有无漏油、漏水、漏气、漏电现象。

（5）检查制动鼓（盘）温度是否正常。

（6）检查轮胎及气压是否正常，如图 4-3 所示。

图 4-3　讲解检查轮胎气压

3. 训练后的检查

（1）检查有无漏油、漏水、漏气、漏电现象。

（2）检查轮胎气压，清除轮胎胎纹间的杂物。

（3）检查并补给燃油（气）。

（4）清洁车辆。

（5）检查车门、车窗和灯光是否关好。

第四章 教学安全

4. 教练车定期检查

教练员除了训练前、训练中和训练后对教练车进行检查以外,还应定期对教练车进行检查,一般来说分为每周检查(简称"周检")和每月检查(简称"月检")。定期检查按照教练车检查表的项目进行,见表4–1。

教 练 车 检 查 表　　　　　　　　　表4–1

车号:　　　　　　　　　　　　　　检查日期:

项目	序号	检 查 内 容	备 注
车身	1	□车身划痕、□污渍	
	2	□车身门徽、□监督电话	
	3	□前风窗玻璃、□后风窗玻璃 □左侧玻璃、□右侧玻璃、□刮水器	
	4	□左后视镜、□右后视镜	
	5	□前保险杠、□后保险杠	
	6	□车牌照及固封螺丝	
	7	□远光灯、□近光灯、□雾灯、□制动灯 □倒车灯、□危险报警闪光灯、□尾灯	
	8	□轮胎气压正常、□轮胎螺栓完好 □轮胎花纹正常、□无轮胎不正常磨损 □轮胎内侧外侧没有划伤	
	9	□球笼套无严重磨损、异响	
	10	□车辆底盘无渗油	
发动机	11	□发动机无异响	
	12	□发动机清洁、□无渗漏	
	13	□机油正常、□制动液正常、□冷却液正常、□助力液正常	
	14	□皮带松紧正常、□无老化	
	15	□空气滤清器正常、□散热器,冷凝器清洁无杂物	
	16	□点火系,缸线无老化	
驾驶室	17	□车门锁、□开启方便自如、无异响	
	18	□座椅牢固、□座椅润滑、□安全带完好	
	19	□座套整洁卫生、□脚垫整洁卫生	
	20	□转向不跑偏、□转向不沉重、□无异响	
	21	□换挡顺畅、□无异响	
	22	□行车制动、□驻车制动、□副制动系统	
	23	□计时器、□摄像头、□语音盒	
	24	□驾驶室仪表正常	
	25	□行驶证、□年检标、□环保标、□强险标	
行李舱	26	□车辆行李舱物品摆放整齐	
	27	□备胎一个、□千斤顶一个 □轮胎扳手一把、□三脚架一个、□灭火器	
结果			检查人:

47

二 教练车卫生规范

教练车按次序排放如图 4-4 所示。

图 4-4 教练车按次序排放

1. 车身

（1）整洁无灰尘。
（2）车窗玻璃干净明亮，无灰尘、无手印、无水痕。
（3）车身贴字无损坏。

2. 驾驶室

（1）无异味、无灰尘、无杂物、无油污。
（2）转向盘、变速器操纵杆、驻车制动器操纵杆无汗渍。
（3）工作台、仪表板、通风口无灰尘。
（4）座套整洁、无破损、无褶皱，后背袋内无杂物。
（5）车门柱、门封条、车门梆无灰尘、无油污。
（6）车门手套箱内无杂物。
（7）脚踏垫放置平整、干净脚垫下地板上无沙土。
（8）四标齐全（年检、环保、交强险、教练车标），不留无效标志。
（9）左前门手套箱内可放置适量物品，后座等其他位置不放置物品。
（10）车内不得存放打火机及可燃液体。

3. 行李舱

（1）物品摆放整齐。
（2）在伸手可取的地方放置灭火器。

第三节 应急处置

在训练过程中，如遇交通事故或学员突发疾患等紧急情况时，教练员应沉着冷静、反应迅速，采取科学、合理的处置方法，最大限度降低对自身、学员及其他相关人员健康的伤害程度。

一 交通事故应急处置

（1）发生事故，不得隐瞒不报或私下解决。
（2）发生事故后处置措施：
①报告驾校主管领导。
②及时报警。
③抢救伤者。
④保护好现场，在事故车周围设安全警告标志。
⑤开启车辆危险报警闪光灯。
⑥取出车载灭火器。
⑦及时解决学员的训练事宜或撤离工作，安抚、稳定学员的情绪。
⑧配合交警部门调查配合。
教练员向学员讲解紧急情况处置如图4-5所示。

图4-5 讲解紧急情况处置

二 学员突发疾患应急处理

（1）教练员须了解学员的健康情况，对学员中的老人、孕妇、体弱多病者要高度关注，并根据情况合理安排训练时间。
（2）学员突发疾患应急处理办法：
①立即向驾校领导报告，同时本人在现场看护。

②拨打120、999等急救电话。
③安慰伤病者，在不能确认患者发病原因的情况下不要轻易移动患者。
④通知患病学员家人。
⑤在医护人员赶到现场前，根据患病学员情况做有关处置。

a. 中暑：将中暑学员移到阴凉处，将其头及肩部垫高后平躺，以冷湿的毛巾覆在中暑学员头上，用湿毛巾沾水擦脸，用扇子降温。

b. 心脑血管病：让患病学员就地躺下或坐下休息，不能随便移动。帮助患病学员服下随身携带的药品，对于重症患病学员实施心肺复苏、人工呼吸等急救方法。

c. 癫痫：不宜约束患病学员，强力约束可能会导致患病学员受伤；保护患病学员离开危险的地方，并移走可能对患病学员造成危害的物体；切勿将手指或任何物体放入患病学员口中；切勿试图撬开患病学员紧闭的牙关；陪伴患病学员，直至其完全恢复或医务人员到场；如患病学员昏迷，经校方安全小组领导同意，速将其送至医院。

第五章

JIAXIAO JIAOLIANYUAN JIAOXUE
YU FUWU ZHINAN

廉洁服务

　　廉洁从教，是驾校教练员岗位最基本的职业道德要求，是每个教练员正确处理教学与个人利益关系的准则。踏踏实实地做好廉洁服务，是提供优质服务工作的基础，是让学员满意的前提。

教练员应严格自律，知荣辱、分美丑、辨是非、知对错，杜绝吃拿卡要现象发生，廉洁从教、清白做人。

一 廉洁从教规范

（1）不使用学员的一切个人物品，不接受学员递过来的任何食品。
（2）不安排学员帮助擦车、打开水、干私活。
（3）不接受学员以任何形式所送的一切物品和钱财。
（4）不说暗示性的语言，以免学员产生向其"索要"的误会。
（5）不利用学员的关系谋己之便。
（6）不参加学员出资安排的宴请等活动。

二 礼貌拒收学员礼物

（1）遇到学员送礼物、现金、购物卡等，应当礼貌拒收。
（2）拒收中应委婉拒绝，不让学员难堪。
用语示例："谢谢，您的好意我心领了，我不能违反驾校的规定。如果您确实认可我，请把我介绍给您的亲朋好友，这是对我工作最大的认可！"
（3）无法拒收学员送礼处理。
如果确实无法拒收，应主动上交给驾校相关部门和主管领导处理。

三 廉洁宣誓

1. 承诺
（1）教练员举右手面对学员，如图5-1所示。

（2）誓言："我宣誓，我自愿遵守驾校规章制度，不接受学员任何形式的馈赠和吃请，耐心细致、公平公正教学。"

2. 听誓
学员宣誓："我自愿遵守驾校规章制度，严格按照驾校规定训练，不给教练员及其他工作人员送礼。"

3. 签字
教练员现场与学员互签驾校廉洁教学服务责任书，交驾校存档备案。

图5-1 廉洁宣誓

第六章

JIAXIAO JIAOLIANYUAN JIAOXUE
YU FUWU ZHINAN

文明服务礼仪

　　文明服务礼仪是教练员的教学服务基本功，是教练员文明素养高的表现。教练员文明服务礼仪规范是教练员在在教学活动中必须遵守的礼仪、礼节和行为准则，是维护教练员良好形象的基本要求，也是赢得学员认可的基本要素。

驾校 教练员教学与服务指南

第一节 文明服务规范

教练员良好的形象和个人品牌塑造，需要内外兼修，做到"形象美、语言美、心灵美"。

一 文明服务要求

（1）仪表端庄大方，仪容整洁，举止优雅，姿势得体。教学中因人施教，为学员提供教学服务时，做到礼貌、热情、认真、耐心、细致，以朋友身份与学员交流。

（2）公平公正对待每一位学员，每天保持好的心情和工作状态，不把个人的情绪带到工作中。

（3）教学期间禁止接打手机、在教练车上抽烟及做其他与教学无关的事情。

（4）教学期间不得相互嬉笑、打骂、扎堆聊天，吃零食，吹口哨，随地吐痰，乱丢杂物。

（5）服务学员时，面带微笑，目光专注，做到来有迎候声、去有欢送声、问有回复声。当学员讲话时，注意倾听，不得低头看手机或背向看窗外等无视学员存在的举止。

二 仪容仪貌

1. 服装

（1）工作期间按照驾校要求统一着装。

（2）服装保持整洁、笔挺、无褶皱。

（3）衬衣要求衣领袖口保持干净。

（4）不穿外套时衬衣须扎入腰带，系好袖口纽扣。

2. 工作牌

（1）保持工作牌的清洁、无损坏。

（2）佩戴在左胸前规定位置。

（3）佩戴胸卡要随时检查是否翻转。

3. 鞋

（1）穿平底鞋，无灰尘、异味、变形、褶皱。

（2）不得穿拖鞋、无后系带鞋，不得光脚穿鞋。

（3）女教练员鞋后跟不能高于3cm。

（4）男教练员穿深色袜子，女教练员可穿着肤色丝袜。

4. 发型发式

（1）头发梳理整齐，干净无头屑。

（2）发型不得前卫、另类，不得染奇异色。

（3）男教练员头发不宜过长，前发不过眉，鬓发不过耳。

（4）女教练员如果是长发要束发。

第六章 文明服务礼仪

5. 面容
（1）男员工不准蓄胡须，每天都要剃须，及时修剪鼻毛。
（2）女员工提倡化淡妆，不使用香味浓烈的化妆品。

6. 饰品
（1）男员工不佩戴饰品。
（2）女员工佩戴饰品要得体，不戴华丽、夸张的首饰。

7. 其他
（1）系黑色腰带。
（2）手套保持洁白不能发黄、无褶皱。
（3）不佩戴墨镜、遮阳镜等影响视线的眼镜。
（4）不涂有色指甲油，经常修剪指甲，保持清洁。指甲的长度以自己张开手，从手心一面看不到指甲为宜。
（5）不文身。
（6）防止口腔异味，工作前就餐要忌吃容易引起口腔异味的食物，如：忌吃葱、蒜、韭菜、臭豆腐、萝卜等食物。

8. 教练员个人形象检查
教练员个人形象检查按教练员个人形象检查表（表6-1）的项目进行。

教练员个人形象检查表　　　　　　表6-1

男教练员		女教练员	
头发	是否理得短而端正？ 是否保持整洁	头发	是否经常整理？ 是否遮脸？ 是否端庄
胡须	每天早上剃干净了吗？ 剃得干净吗	化妆	是否过浓
领带	领结大小是否合适？ 长度是否适中	领花	是否佩戴端正
西服	是否有褶皱？穿前是否熨烫	服装	是否过于随便怪异
衬衣	领口袖口是否干净？ 穿前是否熨烫	衬衣	领口袖口是否干净？ 纽扣是否有掉落？ 是否和外衣协调
工作服	是否有破损或斑迹		
手和指甲	手是否干净？ 指甲是否剪短并清洁	手和指甲	手是否干净？ 指甲油颜色是否过于艳丽
裤子	穿前是否熨烫？ 膝盖部分是否突出？ 是否有斑迹？ 拉链、搭扣有无理好	裙子	穿前是否熨烫？ 拉链有无异常？ 是否有斑迹
袜子	有没有破损？ 和衣服的颜色搭配吗	丝袜	颜色是否合适？ 有无漏洞？ 是否有另备
皮鞋	颜色是否合适？ 是否擦拭干净？ 鞋带是否松了	皮鞋	是否擦拭干净？ 颜色合适吗？ 鞋跟是否过高

第二节　基本服务礼仪

人无礼不生，事无礼不成。有形、规范、系统的服务礼仪，不仅可以树立驾校和教练员的良好形象，更可以让学员感觉到被尊重和受欢迎，使得教练员在与学员的交往中赢得理解、好感和信任。

一　站姿

（1）上身宜保持垂直，抬头、挺胸、收腹。
（2）双腿并拢，双臂自然下垂或在胸前交叉，不宜双手抱胸、叉腰、倚靠（图6-1）。

图6-1　教练员站姿

二　坐姿

（1）上身自然挺直，两肩平衡放松。
（2）双手自然放在双膝上或自然交叠。
（3）双腿并拢，不宜跷二郎腿。
（4）在教学训练中坐姿规范，副驾驶靠背后倾角不得大于110°。
（5）休息时不能双腿蹲坐在座位上。

三　走姿

（1）保持身体协调、平稳，步幅适当，节奏适宜。
（2）不奔跑追逐，不边走边大声喧哗。

四　握手礼仪

（1）接待学员、送别学员时，应主动和学员伸手相握（图6-2）。
（2）如果学员是女性（异性），一般是对方先伸手才能握手；如果女士不伸手，或无握手之意，教练员点头鞠躬致意即可。

（3）握手前要先脱下手套，若实在来不及脱掉，应向对方说明原因并表示歉意。

（4）和学员握手，应该是手掌握着对方的手掌，而不是握着手腕，握手的力度要掌握好，不能握得太轻或太重，使对方感觉到自己稍加用力即可。

（5）握手时要注视对方，微笑致意或问好，态度真挚亲切，切不可东张西望、漫不经心。

（6）握手的时间适宜，握手的最佳的时间是 2~4s。

（7）握手时用右手。

（8）握手时距对方约一步远，上身稍向前倾 15°，两足立正，伸出右手，四指并拢，虎口相交，拇指张开下滑，向受礼者握手。

图 6-2　与学员握手

（9）平等而自然的握手姿态是两手的手掌都处于垂直状态，握手时应掌心相握，这样才符合真诚、友好的原则。

（10）无论在哪种场合，无论与对方的职位或年龄相差有多大，都必须起身站直后再握手，手臂抬起的高度应适中。

（11）手上有水或不干净时，应礼貌地向对方说明情况并表示歉意，忌握手后立刻用纸巾或手帕擦手。

（12）与两人握手时，第三者不要把胳膊从上面架过去，急着和另外的人握手。

（13）和多人握手时要讲究先后次序或排队秩序，顺序进行时切忌交叉握手，与人握手时不要看第三者或心不在焉。

五　递名片

（1）事先将自己的名片准备好，整齐地放在名片夹、盒或上衣口袋中，要放在易于掏出的口袋或皮包里。不要把自己的名片和他人的名片或其他杂物混在一起，以免用时手忙脚乱或掏错名片。

（2）递交名片要用双手呈递，用双手拇指和食指执名片两角，让文字正面朝向对方，递交时要目光注视对方，微笑致意，可顺带一句"谢谢，这是我的名片，请多指教。"

（3）接受名片时双手承接，接受名片后要仔细看一遍。

（4）如学员中尊者、长者不主动交换名片，可委婉提出，不宜直接索取。

（5）交换名片时如果名片用完，可用干净的纸代替，在上面写下个人联系方式等。

六 车前站立迎候学员

（1）按规定时间在车前站立迎候学员（图6-3）。

（2）按规定着装，站于教练车左侧车门处。

（3）抬头，收腹，肩平，两腿挺直，两膝并拢，脚跟靠紧。

（4）双手自然下垂，五指并拢，两脚并拢成V形，与其他教练员保持一致。

（5）目视前方，面带微笑，表情要自然，精神饱满地迎接学员的到来。

图6-3 车前站立迎候学员

（6）嘴微闭，不得交头接耳，不得依靠车门或其他物体，站位要整齐美观。

（7）学员到达教练车3m内区域时，应面带微笑向学员问好并表示欢迎。

（8）学员到齐后，马上引领学员上车，五指并拢，拇指微曲，右臂微抬，并说："您好，请跟我来！"行走速度要适中。

（9）开门时，用左手为学员拉开车门，右手指引学员上车，指引时右手五指并拢手心向前，伸直右臂向右下方指引为个人示意，同时礼貌地对学员说："请注意别碰头。"

七 驾车接送学员

（1）迎候：当学员需要车辆迎接时，一定要提前通过电话、短信、微信等沟通，约好具体时间地点，在约定的时间提前5min以上到场，并把车辆整理干净，迎接学员抵达，不能出现让学员等候的现象。

（2）相见：学员到达后，应主动上前问候，如果是第一次见面并作自我介绍和引见。

（3）上车：请学员上车，拉开车门以手掌扶住车门框，防止学员进车时碰头。

（4）入座：教练员应先请学员上车，并核准人数，待学员全部坐稳后再开车，座位顺序应当依次是：副驾驶座、后排右座、后排左座、后排中座。

（5）交流：在车上可作一些简单的交谈，增进相互之间的感情，不可说不健康、负能量的言语或乱开玩笑。

（6）到达：应先请学员下车，等所有人出来之后，轻关车门，不可以大力地摔车门。

第七章 服务沟通

JIAXIAO JIAOLIANYUAN JIAOXUE YU FUWU ZHINAN

沟通是信息的交换、思想的交流、情感的交融，从心理学的角度讲，沟通就是人与人之间思想、感情的传递和反馈。教练员与学员交流时要通过口头语言、体态语言做到有效与明确地向学员表达自己的想法，而且能够正确地解读学员的信息，及时了解学员的想法和心理变化，才能做到"知己知彼"，从而做好教学与服务工作。因此，教练员需要掌握必要的服务沟通技巧。

第一节 沟通基本要求

沟通是教练员和学员双向的交流行为，是对话而不是自顾自地说话。针对教练员而言，在日常工作中应着力做好以下几点：

（1）与学员沟通范围应尽量局限于教学服务相关的话题，不涉及宗教、种族、国籍、性倾向等不健康和敏感的话题，不背后议论学员的是非长短，不拿学员的过错开玩笑，不说对驾校及同事不利等不负责任的话，谨言慎行，做到三思而后言。

（2）经常对学员微笑、点头示意（图 7-1）。其基本状态是：嘴角微上翘，目光柔和或流露欢喜欣赏之色，表情真诚。

图 7-1 教学中要面带微笑

微笑就是欢迎，是表达诚意的最好方法。把学员当朋友施以真诚的微笑和主动的问候，不仅可以减少陌生感，拉近彼此之间的距离，更是良好沟通的开始。

（3）注意肢体语言，目光的焦点放在学员的鼻尖，还可经常通过点头示意和伸出大拇指来表扬学员，但不得用食指指向学员，更不能用手指戳、摸学员的身体和脑袋。

（4）教学中多表扬学员，多鼓励少批评。学员因为赞美而优秀，适时、适度、合理地表扬学员，可以使教练和学员之间的关系更贴近、相处更融洽。一句赞美和肯定，会帮助学员建立信心，甚至会使学员终生难忘，受用一生。

赞美表扬学员，可遵循以下原则：

①表扬要具体，可以就某一方面表扬。例如，尽管学员还不很优秀，但可以就学员的进步表扬，"您近来进步很大，继续加油！"

②表扬要真诚，如学员喜欢琢磨问题，可以表扬"问得好，我就喜欢您敢想、敢问、敢说，希望您能坚持下去。"

③表扬还要及时，最好在当天当时就对学员的优异表现予以肯定。

（5）批评学员时，要讲究艺术，不得对其人格进行人身攻击，也不得当着其他人的面大声批评、呵斥学员。

①批评从肯定、称赞和诚挚的感谢入手。

良药苦口，被教练员批评自然不是每个学员都会心甘情愿的，会"批评艺术"的教练员一定会先绕点弯子，中国人讲究含蓄，可以先找出学员优点加以肯定，再就其出现的问题做出适度批评。

②对事不对人，不能搞人身攻击。可以针对学员错误的方法、态度进行批评，不能否定其本人。

第七章 服务沟通

③给学员保留面子。尽量私下批评、不点名批评。

批评还要因人而异，忌不要一次批评一个人太多，也不要同时批评太多人。

（6）要学会倾听，耐心听学员讲话，边听边思考，不做与训练无关的事情，如低头看手机、背向学员左顾右视等。

在学员讲话的时候，要控制好情绪，不要轻易地打断对方。更重要的是，在聆听过程中去多了解学员，学会换位思考，及时解答学员提出的问题。对于学员提出的意见，要主动做好解释工作，要让学员感到受重视和被尊重。

（7）提倡讲普通话，语言规范、简练，按照是什么、为什么、该什么、要注意什么的顺序来表述，语言要通俗易懂，不使用俚语、生僻语言。

（8）注意尊重学员的民族、性别和宗教信仰，不得开有辱学员人格的玩笑，不得说低级笑话。

（9）沟通中坚持正见、正念、正能量，不抱怨不发牢骚，使用文明教学服务用语：
① "您好，请、谢谢、麻烦、贵姓？"
② "训练中我是教练，训练结束我们就是朋友。"
③ "我们是朋友，大家有什么事都可以找我说。"
④ "是不是我没讲明白啊，那现在我再说一次。"
⑤ "这次虽然没做好，不要紧，下次再来！"
⑥ "别灰心，这点困难一定不会难倒您的。"
⑦ "咱们车的学员是最棒的！" "您这次做得真棒，希望下次您带给我更大的惊喜！"
⑧ "先好好想想，别着急，如果还不会，可以问我。"
⑨ "教好您是我的责任，所以我不希望您这样做。"
⑩ "一定要相信自己，我很欣赏你。"
⑪ "不会没有关系，您是因为不会才来学车的，但是，一定要好好学习。"
⑫ "心情放松，思想集中，世上无难事，只怕有心人！"
⑬ "您一点都不笨，当初我学车也是这么过来的，您看，现在我不都当教练了吗？"

第二节 工作沟通规范

教练员在日常教学服务工作当中，既有教学的职责，还有报名咨询的任务，更要服务好每一位学员。与学员打交道时采用怎样的态度、行为和语言技巧，是一门艺术。讲话要有逻辑性、条理性，最基本的就是要把意思表达清楚，要让学员能听明白，进而认同、接受。要注意控制语速、语气、语调。语速太快，容易给学员造成压迫感，而且控制语速还可以给自己留出思考的时间，边想边说，想好再说。语气、语调要有节奏感、有感染力，给予他人以信赖感。

一 报名咨询

（1）学员报名咨询时，应在不影响教学的情况下礼貌热情地接待学员。

（2）接听报名咨询电话时热情主动，应说"您好，有什么可以帮到您"之类的礼貌用语。

（3）介绍学车流程，讲解各科目基本训练项目。

（4）介绍驾校优势，不诋毁同行和同事。

（5）根据咨询人具体情况推荐学车班型和约车方式。

（6）告知报名注意事项。

（7）记录学员的姓名、学习车型、联系方式及服务需求，电话咨询结束的最后，应说"感谢您的来电，有什么问题欢迎再联系"。

二 通知学员开学

（1）开头语："您好，我是××驾校，请问这是××先生／女士的联系电话吗？"

（2）开学情况："您最近有时间学习吗？"

（3）根据学员回答分三种情况进行沟通：

①针对"无学习时间"的情况，应继续进一步沟通。

用语示例：

"如果您最近没时间学，您可以推到下一期／请问您打算什么时间学，以便我们给您另行安排。"

②针对"有学习时间"的情况，应详细地向学员介绍开学情况。

用语示例：

a."请用纸和笔作记录，如果您不方便记录，随后我会再给您发短信。我是您的教练×××，近期将开学，请您于×月×日×点到学校报到，并到××地方参加开学典礼，到校后，会有专门负责开学分班的工作人员给您指导。"

b."请问您住在什么位置？您可乘坐××线路班车，班车师傅电话××；或乘坐公交车×路到×××下车。"

③如果对方想考虑一下再定，可按如下说。

用语示例：

"那没关系，我会将您的情况记录下来，请您届时拨打电话×××（开学负责人），反映您的要求，请尽量在××时间前，以便我们及时调整开学名单。"

（4）结束语："好的，我们保持联系，再见！"

（5）非学员本人接电话，要将情况介绍清楚，并请其务必转告学员。用语示例：

①"您好，我是××驾校的教练员×××。"

②"麻烦您让××接下电话，好吗？谢谢。"

③"麻烦您让他给我回个电话，我的号码是×××××，谢谢。"

④如果通知女学员，男士接电话，应在自我介绍后，简明扼要说明来意，避免引起误会。

第七章　服务沟通

（6）特殊情况如何处理：
①学员手机关机或无人接听时，拨打至少3次，并发短信或者微信留言。
②如果电话号码停机、空号、错号，到档案室查询学员档案。

三 开学沟通

（1）礼貌问好，握手欢迎，应说"您好，欢迎您跟我学车"。
（2）用手指教练车牌向学员介绍教练车。
（3）用手指工作牌向学员简短介绍自己，自我介绍内容应包括：
①自己的姓名、工号、车号、教龄等基本情况。
②教学服务理念。
③本驾校的廉洁服务规定。
④希望与学员共同达成的目标。
⑤本人的电话、微信等联系方式。
（4）主动给学员递名片。
（5）介绍驾校：
①驾校的成立时间、办学理念、服务宗旨和驾校其他基本情况。
②驾校的各项设施：餐厅、超市、厕所、计算机室、休息室等。
③驾校服务电话、微信公众平台号码、官方网站网址。
④学车考试流程。

四 学员预约练车

（1）尽可能满足学员预约的要求，应说"欢迎您约我的车"。
（2）不能满足预约要求的，应向学员说明情况或商请学员改变预约内容、时间。
（3）学员预约培训学时，按照先来后到的原则，每天不超过4h。
（4）学员预约完成，再次向其确认预约信息，应说"和您再确认一下，您约的是×月×日×点至×点的练车时间，这个时间定好不变了"。

五 学员来训练时

（1）上车前，应说"您约的时间是×小时，请您上车，现在开始训练"。
（2）上车后，应说"您好，我是××教练，很高兴我来带教，现在我们开始上课，本课我将尽我所能为您提供优质的教学服务，并回答您所提出的各种与教学相关的问题。请您在教学中给予配合。行车途中遵守限速规定，请系好安全带。"
（3）训练中，视情况说"慢一点，注意安全"、"别着急，慢慢来"、"没关系，再做一遍"、"做得不错，请再来一遍"、"请注意动作，别紧张"、"请注意前方交通标志标线"、"请注意看我的示范"。
（4）当天训练结束，应说"今天的训练结束，请拿好自己的随身物品，回家注意安全"、"今天训练辛苦了，回家记得好好复习，路上注意安全"。

六 学员训练回访

（1）学员进入培训阶段后，教练员应做好服务跟踪。可以问"不知您对我的教学是否满意，还有什么问题吗？如果您满意，欢迎您再次约我的车"。

（2）针对不同性格的学员，采取不同征求意见的方法。

①对于内向型的学员应采取电话方式询问：第一次接触车的感受、对自己教学方法的建议与意见。

②对外向型的学员，在学员练车后，可面对面地进行沟通，主要是对自己教学方法的意见。

七 考试前沟通

（1）通知学员考试或者自主约考。

（2）通知学员考试时间地点。

（3）提醒学员带好身份证。

（4）告知学员考试带队人员电话。

（5）通知用语示例：

"您好！根据约考情况，您×月×日在××地点进行科目×考试，请您带好身份证，于×点前到××位置集合，请您提前做好准备，带好相关证件，联系人×××，电话××××××××××"。

（6）考试注意事项：

①检查学员驾驶技能准考证明。

②宣讲考试程序。

③提醒学员，考试时必须关闭手机，不准大声喧哗，保持安静，遵守考纪，不得将包、教材、手机等物品带入考场，考试后不得在考场周围逗留。

测试考试前，可以鼓励学员说"考试的时候正常发挥就行，您肯定能过，加油，别害怕，放松点"。

八 考试结束后

在学员测试或参加考试后，应及时了解学员测试或考试情况。对合格的学员给予祝贺，对不合格的学员进行安慰，并提出会协助学员顺利通过考试。

（1）针对考试的合格学员，应说"恭喜您，通过了，我就知道您没问题""祝贺您拿到驾照，真为你感到高兴"。

（2）与考试不合格的学员进行沟通：

①安抚学员情绪，应说"别灰心，总共有5次考试机会，再好好练习，下次你一定能过"。

②专人带其远离考场进行沟通。

③分析其不合格原因，督促继续训练。

九 学员出现不满意后的沟通

（1）稳定学员情绪。

（2）请学员坐下并给学员倒水。

（3）致歉用语示例：

①"请您先别着急，有话慢慢说。"

②"由于我们的工作失误给您带来不便和不愉快，这里致以深深的歉意，请您谅解。"

③"是我们的工作做得不太到位，感谢您的意见和建议，我们一定努力改进。"

（4）积极寻求解决问题的方法，帮学员解决实际问题。用语示例：

①"请您不要着急，我们会尽快给您解决/这个问题我已经给××部门（领导）反映，三日之内会给您解决（答复）。"

②"对不起，刚才可能有误会，您提出的意见，我一定悉心接受！"

③"您刚才反映的问题，我会十分认真地对待。"

④"给您造成麻烦，请您原谅，我们一定会尽快处理并给您答复。"

十 毕业后的沟通

1. 教练员礼貌赠言

（1）祝贺用语示例：

"恭喜您！以后开车要养成良好的驾驶习惯，文明驾驶、安全行车。如有买车、驾车、修车等方面的问题或需要陪练服务，欢迎与我联系，非常愿意继续为您服务。"

（2）致谢用语示例：

"谢谢您对我工作的支持，如果您对我的教学服务满意，请把您的亲朋好友介绍来学车；学习过程中如有给您造成不愉快，请多包涵，希望以后能多给我们提意见，欢迎有时间多回驾校看看！再见！"

2. 电话回访学员

（1）针对拿证不久的学员用语示例：

"我是您的教练××，现在驾驶技术怎么样了？/打算买车了吗？/开车过程中遇到什么问题吗？"针对学员训练中容易犯的错误，进行针对性提醒，如："您虽然胆量有些小，但心很细，只要您大胆开，技术会慢慢提高的，有一天会超过教练……以后有什么疑问欢迎给我打电话。"

（2）针对结业很长时间学员用语示例：

"您好，我是您的教练××，很长时间没联系了，工作忙吗？/最近车开得怎么样了？/开车过程中遇到什么问题了吗？"要就学员遇到的问题细致、耐心地给予解答。

3. 其他回访形式

（1）微信、短信。

逢春节、元旦、中秋等国家法定节假日及学员生日等有特殊意义的日子，可主动为学员发些祝福性质的信息。

（2）明信片、贺卡。

在春节或元旦时邮寄明信片，书写要工整，地址要详细，确保学员能够收到。

第八章 团队服务

JIAXIAO JIAOLIANYUAN JIAOXUE YU FUWU ZHINAN

　　团队是拥有不同技巧的人员的组合，致力于共同的目的、共同的工作目标和共同的相互负责的处事方法。团队服务，是指教练员以三人以上的集体形式对学员服务的行为。在进行团队服务时，教练员不但要做好个人服务行为，而且还要与其他教练员相互配合做好对学员的各项服务工作，有形展示驾校风貌。教练员应时刻注意个人与团队的协调，全心全意提供让学员满意的服务，在此基础上，尽量提供预期之上的服务，让学员感动。

第八章　团队服务

第一节　团队服务要求

今天的服务，明天的市场。如今市场竞争日趋激烈，驾校仅靠从前的单兵作战服务方法，已经很难做到驾校品牌的塑造。驾校需要有全体教练员统一参与的高效专业的服务团队，为学员提供有针对性的优质服务，从而拉近与学员的关系，彰显驾校价值观和展现良好品牌形象，促进驾校健康发展。

一　团队意识

小成功靠个人，大成功靠团队。团结就是力量，团队产生力量。团队意识是一种主动性的意识，将自己融入整个团体，服从大局，从而最大限度地发挥自己的作用。

对于其他同事服务不到位的地方，要视情况及时予以补位，展现本驾校教练员队伍良好的团队协作形象。

二　统一规范

团队就是标准化、格式化。经过格式化的标准模式，达到一定默契的队伍就叫团队，否则只能叫乌合之众，是不可能有战斗力的。所以必须严格地要求自己，按统一要求格式化地操作。

团体服务讲究整齐划一、统一高效，按流程行事，可以在保证驾校统一的标准化服务的基础上提供个性化的服务。

三　高效及时

为了达成团队服务目标，每位教练员必须快速响应客户的需求，要事第一，把教练团队服务的事情放在第一位，追求整体高品质服务标准，为工作确定先后顺序，办事不拖拉，工作才能有效率，才能让学员满意。

教练员进行团体服务，应该按照驾校要求，在规定的时间、规定的地点按统一的标准严格进行。

第二节　团队服务规范

典礼和仪式是团队服务主要的载体和场合，每位教练员必须服从大局，按照驾校统一的要求，整齐划一地主动为学员服务。

一 开学典礼仪式

（1）按要求做好基本准备工作。
（2）将车辆卫生细致打扫。
（3）将随车的暖瓶打满开水或者给学员准备其他饮品。
（4）准备好洗刷干净的水杯或者一次性纸杯。
（5）放置"欢迎新学员"的牌子（图8-1）。

图8-1　欢迎新学员

（6）给每一名新学员发一条短信：
"您好，很高兴从今天起我成为您的教练，我已做好了迎接您的准备。我的车牌号是×××，位于训练场的××位置，我现在正站在××位置等候着您。"

二 迎接工作

（1）教练员要呈立正姿势站在车的左前门处，双手自然垂直或放置身后，必须全体统一姿势，如图8-2所示。
（2）见到学员后要主动问好并握手。

图8-2　车前迎候学员

三 训练休息

（1）主动为学员拿凳子（马扎），或者指引学员到休息处小憩片刻。

（2）为学员倒开水或者递送驾校配发的饮品（图 8-3）。

四 训练结束

（1）将每一位学员都送到班车等专门接送的车上或者驾校指定的地方。

（2）教练员参加当天的欢送学员仪式。

（3）给每一位开学的新学员发一条短信：

"我是您的教练×××，不知您是否安全到家了？希望我今天的工作能给您带来愉快！"

五 欢送学员

（1）欢送学员的集合时间为班车发车前 10min，且在发车前 5min 集合完毕。

（2）站队时候保持军姿，头要正，颈要直，肩要平，腰要挺，微挺胸，两腿并紧张，中指贴于裤缝，脚跟并拢，两脚外张 45°。

（3）统一穿驾校配发的工装，佩戴白手套。

（4）班车起动后，所有人员统一向右看齐，目视班车。

（5）班车行至距离人员队伍排头 5~6m 时候，开始挥手致意。

（6）挥手时手的高度以五指高于下巴，不高于眉毛位置，眼睛随班车走，如图 8-4 所示。

（7）班车车尾驶出校门后，统一放下手，头迅速转回。

（8）欢送结束后，负责人发令两列集合，列队返回。

图 8-3　给学员倒水

图 8-4　集体欢送学员

六 学员座谈会

（1）座谈人数不少于 3 人（图 8-5）。

（2）对学员所提出的问题和建议进行统一格式的记录。

（3）认真聆听学员提出的问题和建议，并且现场不作反驳，适时予以回应和解释。

（4）座谈会结束前，应向学员致谢。

（5）把学员提出意见和提出的问题进行总结，反映给有关部门。

七 结业典礼

（1）应提前 5min 左右到达现场（图 8-6），整理衣冠。

图 8-5 学员座谈会

图 8-6 结业典礼

（2）结业典礼讲话做礼节性发言，向学员表示祝贺。

用语示例：

"今天，恭喜大家结业了，马上就有驾照了，一分耕耘一分收获，学车很辛苦，拿照很幸福！我们开车是驾驶员、下车就是行路人，希望大家换位思维，在任何时候都要牢记安全行车、文明行车，祝大家一生平安、幸福！"

（3）颁发结业证书，应热情洋溢地将证书用双手递给对方，并且主动握手致意。

（4）结业照合影：教练员站在学员队伍中间，学员分置左右前后（图 8-7），也可以女学员在前排，教练员和男学员在后排。

图 8-7 结业照合影

JIAXIAO JIAOLIANYUAN JIAOXUE YU FUWU ZHINAN

附 录

附录一 机动车驾驶培训教学与考试大纲
附录二 机动车驾驶证申领和使用规定

附录一

机动车驾驶培训教学与考试大纲

（交运发〔2016〕128号）

机动车驾驶培训教学大纲

为了加强机动车驾驶培训管理工作，规范驾驶培训教学行为，提高驾驶培训质量，制定本大纲。

一、制定依据

根据《中华人民共和国道路交通安全法》及实施条例、《中华人民共和国道路运输条例》、《机动车驾驶员培训管理规定》、《机动车驾驶证申领和使用规定》等有关规定制定本大纲，主要包括：机动车驾驶培训教学大纲和驾驶培训教学日志。

二、学时安排

1. 机动车驾驶培训教学的学时安排见下表：

学 时 安 排 表

内容\学时 车型	A1、B1	A2	A3	B2	C1	C2	C3	C4、D、E、F	C5
总学时	82	88	120	118	62	60	50	38	62
道路交通安全法律、法规和相关知识	10	10	14	12	12	12	12	10	12
基础和场地驾驶	36	40	53	54	16	14	14	10	16
道路驾驶	20	22	33	32	24	24	16	10	24
安全文明驾驶常识	16	16	20	20	10	10	8	8	10

备注：每学时为60min。其中，有效教学时间不得低于45min。

2. 本大纲的学时为各车型基本学时要求。
3. 增加考试内容和项目的,须相应增加学时。
4. 每个学员课堂学习时间每天不得超过 4 学时,实际操作学习时间每天不得超过 4 学时。

三、教学要求

1. 本大纲分为"道路交通安全法律、法规和相关知识""基础和场地驾驶""道路驾驶"和"安全文明驾驶常识"四部分内容。每部分内容培训结束后,应对学员的学习进行考核。"基础和场地驾驶""道路驾驶"两部分考核不合格的,由考核员提出增加复训的内容和学时建议。鼓励机动车驾驶员培训机构(以下简称驾培机构)聘用二级及以上教练员担任考核员。

2. "道路交通安全法律、法规和相关知识"和"安全文明驾驶常识"教学可采取多媒体教学、远程网络教学、交通安全体验等多种方式,倡导课堂教学与远程网络教学相结合。课堂教学不得低于 6 学时,其中,"道路交通安全法律、法规和相关知识"不得低于 4 学时,"安全文明驾驶常识"不得低于 2 学时。

3. "基础和场地驾驶"中"操纵装置的规范操作"和"起步前车辆检查与调整"教学内容,应采用驾驶模拟设备教学;"道路驾驶"中"恶劣条件下的驾驶""山区道路驾驶""高速公路驾驶"等内容,可采用驾驶模拟设备教学。模拟教学学时为 4 学时。

4. "安全文明驾驶常识"教学应与"道路驾驶"教学交叉融合;"基础和场地驾驶"与"道路驾驶"可交叉训练。

四、其他

1. 驾培机构应根据本大纲制定教学计划,倡导根据学员特点进行差异化教学。
2. 轮式自行机械车(M)、无轨电车(N)、有轨电车(P)三种准驾车型的培训教学大纲,由各省根据需要和地方特点自行制定,并报交通运输部备案。
3. 各省应当根据实际对各准驾车型培训里程做出相关要求,但最低不得少于300km。
4. 大型客货车驾驶员职业教育,参考本大纲,按有关规定另行制订人才培养方案。

五、培训教学大纲

第一部分 道路交通安全法律、法规和相关知识

教学目标: 掌握法律、法规和规章中与道路交通安全有关的相关规定;熟练掌握各类道路条件下的通行规则;熟练掌握道路交通信号的含义和作用;掌握地方性法规的重点内容;了解机动车基本知识,掌握机动车主要仪表、指示灯和操纵机构、安全装置的基本知识。

教学项目	教学内容	教学目标	适用车型
1.法律、法规及道路交通信号	机动车驾驶证申领与使用	了解法律法规中关于机动车驾驶证申领与使用的规定	A1、A2、A3、B1、B2、C1、C2、C3、C4、C5、D、E、F
	道路交通信号	熟练掌握道路交通信号灯、道路交通标志、道路交通标线、交通警察手势的含义和作用	
	道路通行规则	熟练掌握各类道路条件下的通行规则；熟练掌握变更车道、跟车、超车与限制超车、会车、避让行人和非机动车、掉头与倒车、停车等的规定	
	驾驶行为	熟练掌握法律法规中有关驾驶行为的规定和要求	
	违法行为处罚	熟悉主要交通安全违法行为情形和驾驶机动车的禁止行为；掌握交通事故责任承担原则，交通肇事罪和危险驾驶罪的含义；掌握法律责任的基本知识	
	机动车登记	了解机动车登记的有关规定	
	交通事故处理	了解道路交通事故快速处置方法，事故现场保护、事故报警与求助	
	地方性法规	掌握地方性法规的重点内容	
2.机动车基本知识	车辆结构常识	了解车辆的基本构成及各组成部分的基本功能	A1、A2、A3、B1、B2、C1、C2、C3、C4、C5、D、E、F
	车辆主要安全装置	掌握安全头枕、安全带、安全气囊、灯光、喇叭、后视镜、逃生出口、仪表、报警灯、防抱死制动系统、儿童安全座椅的作用；掌握三角警告牌、灭火器等安全设备的作用	
	驾驶操纵机构的作用	掌握转向、加速、变速、行车制动和驻车制动等操纵机构的作用	
		掌握离合器操纵机构的作用	A1、A2、A3、B1、B2、C1、C3、C4、D、E、F
	车辆性能	了解车辆性能与安全行车的关系	A1、A2、A3、B1、B2、C1、C2、C3、C4、C5、D、E、F
	车辆检查和维护	掌握车辆日常检查和维护的基本知识	
	车辆运行材料	了解轮胎、燃油、润滑油、冷却液、风窗玻璃清洗液等运行材料的使用常识	

教学项目	教学内容	教学目标	适用车型
2.机动车基本知识	客车制动与安全装置	熟悉客车行车制动装置、缓速器、驻车制动装置及客车乘客门、安全出口、安全窗、安全锤等的作用	A1、B1
	公交车制动与安全装置	熟悉公交车行车制动装置、驻车制动装置及公交车乘客门、安全出口、安全窗、安全锤等的作用	A3
	汽车列车制动系统、连接与分离装置	了解汽车列车制动系统的结构特点及作用；了解汽车列车连接与分离装置的结构	A2
3.综合复习及考核	道路交通安全法律、法规和相关知识	熟练掌握道路交通安全法律、法规、道路交通信号等相关知识；掌握车辆的主要安全装置及作用	A1、A2、A3、B1、B2、C1、C2、C3、C4、C5、D、E、F

第二部分　基础和场地驾驶

教学目标：掌握基础驾驶和场地驾驶理论知识；掌握基础的驾驶操作要领，具备对车辆控制的基本能力；熟练掌握基础操作和场内驾驶的基本方法，具备合理使用车辆操纵机件、正确控制车辆运动空间位置的能力，能够准确地控制车辆的行驶位置、速度和路线。

教学项目	教学内容	教学目标	适用车型
1.基础驾驶	基础驾驶操作理论知识	掌握基础驾驶操作的要求及作用	A1、A2、A3、B1、B2、C1、C2、C3、C4、C5、D、E、F
	驾驶姿势	掌握正确的驾驶姿势,合理使用安全带	
	操纵装置的规范操作	掌握转向盘、变速器操纵杆、驻车制动装置、行车制动装置、加速操纵装置的正确操作方法；掌握灯光信号、喇叭及其他操纵装置的正确操作方法	
		掌握离合器踏板的正确操作方法	A1、A2、A3、B1、B2、C1、C3、C4、D、E、F
		掌握转向盘、制动和加速迁延控制手柄的正确操作方法；掌握制动和加速迁延控制踏板的正确操作方法；掌握灯光信号、喇叭及其他操纵装置的正确操作方法	C5

教学项目	教学内容	教学目标	适用车型
1. 基础驾驶	操纵装置的规范操作	掌握转向盘、转向盘控制辅助手柄、制动和加速迁延控制手柄、转向信号灯迁延开关的正确操作方法； 掌握驻车制动辅助手柄、灯光信号、喇叭及其他操纵装置的正确操作方法	C5
		掌握转向盘、变速器操纵杆迁延控制装置或专用装置的正确操作方法； 掌握灯光信号、喇叭及其他操纵装置的正确操作方法	C5
	起步前车辆检查与调整	掌握调整座椅、头枕、后视镜，以及系、松安全带的正确方法； 掌握检查操纵装置、起动发动机、检查仪表、停熄发动机的正确方法	A3、B2、C1、C2、C3、C4、C5
		掌握调整后视镜的正确方法； 掌握佩戴安全头盔的正确方法； 掌握检查操纵装置、起动发动机、检查仪表、停熄发动机的正确方法	D、E、F
	牵引车与挂车的连接与分离	掌握牵引车与挂车的连接与分离的正确操作方法和注意事项	A2
	上车、下车动作	掌握正确的上车、下车动作	A3、B2、C1、C2、C3、C4、D、E、F
	车上轮椅（拐杖）的放置	掌握轮椅（拐杖）的安全放置方法	C5
	上车前的观察	掌握上车前观察，确认安全的正确方法	A1、A2、A3、B1、B2、C1、C2、C3、C5
	下车前的观察	掌握下车打开车门前观察，确认安全的正确方法	
	起步、停车	掌握起步前观察后方、侧方交通情况，安全平稳起步、停车的正确操作方法	
	变速、换挡、倒车	掌握加速、减速、换挡和倒车的正确操作方法	A1、A2、A3、B1、B2、C1、C2、C3、C4、C5、D、E、F
	行驶位置和路线	掌握根据道路情况合理控制车速，保持车辆沿正确位置和路线行驶的正确操作方法，养成良好的车感和空间感	

附　录

教学项目	教学内容	教学目标	适用车型
2. 场地驾驶	场地驾驶理论知识	掌握速度控制、转向控制、空间位置对安全行车的影响	A1、A2、A3、B1、B2、C1、C2、C3、C4、C5、D、E、F
	倒车入库	掌握参照地面目标,合理操纵车辆从两侧倒入和驶出车库的正确操作方法	C1、C2、C3、C5
	坡道定点停车和起步	掌握操纵车辆定点停车和坡道平稳起步的正确操作方法	A1、A2、A3、B1、B2、C1、C2、C3、C4、C5、D、E、F
	侧方停车	掌握操纵车辆顺向停入道路右侧车位(库)的正确操作方法	A1、A2、A3、B1、B2、C1、C2、C3、C5
	曲线行驶	掌握操纵转向盘,控制车辆进行曲线行驶的正确操作方法	
	直角转弯	掌握在急转弯路段正确操纵转向盘,准确判断内外轮差的方法	
	通过单边桥	掌握准确运用转向盘,正确判断车轮直线行驶轨迹,顺利通过单边桥的方法	A1、A2、A3、B1、B2、C4、D、E、F
	通过限宽门	掌握在一定车速下准确判断车身空间位置,顺利通过限宽门的正确操作方法	A1、A2、A3、B1、B2
	通过连续障碍	掌握准确判断车轮行驶轨迹和内外轮差,顺利通过连续障碍的方法	
	起伏路行驶	掌握操纵车辆以最小颠簸方式平顺通过起伏路面的正确操作方法	
	窄路掉头	掌握操纵车辆三进二退完成掉头的方法	
	侧方移位、倒车进库	掌握准确判断车辆行驶空间位置,操纵车辆进行倒车进库、移位和出库的方法	
	模拟高速公路驾驶	掌握操纵车辆在模拟高速公路完成驶入(出)高速公路收费口、匝道入主道、变更车道、驶离高速公路的方法	
	模拟连续急弯山区路驾驶	掌握操纵车辆在模拟急弯山区路完成减速、鸣喇叭(非禁鸣区)、靠右行驶、通过弯道的方法	
	模拟隧道驾驶	掌握操纵车辆在模拟隧道完成减速、开启(关闭)灯光、鸣喇叭(非禁鸣区)的方法	

教学项目	教学内容	教学目标	适用车型
2. 场地驾驶	模拟雨（雾）天驾驶	掌握操纵车辆在模拟雨（雾）天气路段完成减速、选择刮水器挡位、开启灯光的方法	A1、A2、A3、B1、B2
	模拟湿滑道路驾驶	掌握操纵车辆在模拟湿滑路完成减速、以低速挡匀速行驶的方法	
	模拟紧急情况处置	掌握操纵车辆模拟在紧急情况出现时，完成制动、停车、开启危险报警闪光灯、摆放三角警告牌、撤离车内人员的正确方法	
	模拟城市街道驾驶	掌握通过人行横道、路口、学校区域、居民小区、公交车站、医院、商店、铁路道口等的驾驶要领	C1、C2、C5
	跟车行驶	掌握50km/h或70km/h跟车行驶的方法	A3、B2、C1、C2、C5
	绕桩驾驶	掌握从起点绕桩前进驶出，再倒车绕桩反向驶回的方法	C4、D、E、F
	停靠货台	掌握倒车尾靠货台、倒车侧靠货台、前进侧靠货台，准确停靠到位的方法	A2、B2
	停靠站台	掌握倒车侧靠站台、前进侧靠站台，准确停靠到位的方法	A1、A3、B1
	独立驾驶	能独立在场内安全驾驶车辆	A1、A2、A3、B1、B2、C1、C2、C3、C4、C5、D、E、F
3. 综合驾驶及考核	基础和场地驾驶	综合运用所学内容，熟练完成基础驾驶和场地驾驶	A1、A2、A3、B1、B2、C1、C2、C3、C4、C5、D、E、F

第三部分　道路驾驶

教学目标： 掌握道路驾驶时的安全行车相关知识；熟练掌握一般道路和夜间驾驶方法，能够根据不同的道路交通状况安全驾驶；具备自觉遵守交通法规、有效处置随机交通状况、无意识合理操纵车辆的能力，做到安全、文明、谨慎驾驶。

教学项目	教学内容	教学目标	适用车型
1. 跟车行驶	跟车距离和跟车速度控制	熟悉跟车时合理控制跟车速度、保持跟车距离知识，掌握跟车行驶的安全驾驶方法	A1、A2、A3、B1、B2、C1、C2、C3、C4、C5、D、E、F
2. 变更车道	安全变更车道	熟悉变更车道时观察、判断安全距离，控制行驶速度知识，掌握使用灯光信号、合理选择变更车道时机、平稳变更车道的安全驾驶方法	

附 录

教学项目	教学内容	教学目标	适用车型
3.靠边停车	顺位停车 S形倒车入位 L形倒车入位	熟悉靠边停车时正确使用灯光信号,观察后方和两侧交通状况知识,掌握路边顺位停车、倒入路边车位(S形倒车入位)、倒入车库(L形倒车入位)的驾驶方法	A1、A2、A3、B1、B2、C1、C2、C3、C5
4.掉头	安全掉头	熟悉掉头时降低车速,观察交通状况知识,掌握正确选择掉头地点和时机安全掉头的驾驶方法	
5.通过路口	直行通过路口	熟悉路口合理观察交通状况知识,掌握减速或停车瞭望、直行通过路口的安全驾驶方法	
	路口左转弯、路口右转弯	熟悉路口合理观察交通状况及视野盲区知识,掌握减速或停车瞭望,正确使用灯光信号,左、右转弯通过路口的安全驾驶方法	
6.通过人行横道	安全通过人行横道	熟悉在人行横道前观察两侧交通状况、提前减速、礼让行人知识,掌握安全通过的驾驶方法	
7.通过学校区域	安全通过学校区域	熟悉通过学校区域时,提前减速观察,文明礼让,避让学生和校车知识,掌握安全通过的驾驶方法	
8.通过公共汽车站	安全通过公共汽车站	熟悉通过公共汽车站提前减速,观察公共汽车进、出站动态和上下车乘客动态及预防行人横穿道路知识,掌握安全通过的驾驶方法	A1、A2、A3、B1、B2、C1、C2、C3、C4、C5、D、E、F
9.会车	安全会车	熟悉正确判断会车地点、会车时机及与对方车辆保持安全间距知识,掌握安全会车驾驶方法	
10.超车	安全超车	熟悉超车前观察被超越车辆动态,合理选择超车时机,超车中保持与被超越车辆安全间距和超车后驶回原车道知识,掌握安全超车驾驶方法	
11.夜间驾驶	正确使用灯光与夜间安全驾驶	熟悉夜间起步、会车、超车、通过急弯、通过坡路、通过拱桥、通过人行横道或者在没有交通信号灯控制的路口正确使用灯光知识,掌握夜间安全驾驶方法	
12.恶劣条件下的驾驶	恶劣条件下的安全驾驶	熟悉雨天、雾(霾)天、冰雪路面、泥泞道路、涉水等恶劣条件下的安全驾驶要领和方法	
13.山区道路驾驶	山区道路安全驾驶	熟悉山区道路的安全驾驶要领和方法	

教学项目	教学内容	教学目标	适用车型
14. 高速公路驾驶	模拟高速公路安全驾驶	熟悉高速公路的安全驾驶要领和方法	A1、A2、A3、B1、B2、C1、C2、C3、C5
15. 行驶路线选择	自行选择行驶路线的安全驾驶	能够按照自行选择的行驶路线安全驾驶	A1、A2、A3、B1、B2、C1、C2、C3、C4、C5、D、E、F
16. 综合驾驶及考核	道路安全驾驶	在道路上安全驾驶所学准驾车型	A1、A2、A3、B1、B2、C1、C2、C3、C4、C5、D、E、F

第四部分　安全文明驾驶常识

教学目标：掌握各种道路条件、气象环境下的安全文明驾驶知识；掌握正确辨识各类道路交通信号的知识；掌握危险源辨识知识；掌握紧急情况下的临危处置知识；了解发生交通事故后现场处置、伤员自救常识和常见危险化学品名称、特性等常识；正确分析各类典型事故案例。

教学项目	教学内容	教学目标	适用车型
1. 安全、文明驾驶知识	安全驾驶生理心理状态	掌握酒精、毒品、药物及疲劳驾驶、不集中注意力等不良生理心理状态对安全驾驶的危害、影响及相应预防知识，养成自觉杜绝违法驾驶行为和避免在不良生理心理状态下驾驶的习惯	A1、A2、A3、B1、B2、C1、C2、C3、C4、C5、D、E、F
	安全驾驶	掌握车辆安全检查与调整方法，养成行车前对车辆进行安全检查与调整的驾驶习惯；掌握车内安全装置的正确使用方法，熟知乘车人的安全保护方法，养成使用安全带、安全头枕、儿童安全座椅等主要安全装置的习惯；掌握起步、汇入车流、跟车行驶、变更车道、会车、超车、让超车、停车、掉头、倒车及通过弯道、路口、人行横道、学校区域、居民小区、公交车站的安全驾驶方法，养成安全行车的驾驶习惯	
	文明礼让	了解汽车语言和驾驶人手势的含义；培养优先通行权与安全礼让行人（尤其儿童）、非机动车和其他车辆（尤其校车）等其他交通参与者的道德意识，杜绝常见违法行为和不文明行为，养成文明礼让的驾驶习惯	
	常见道路交通信号辨识	能正确辨识交通信号灯、交通标志标线和交通警察手势等，养成自觉遵守道路交通信号的驾驶习惯	

教学项目	教学内容	教学目标	适用车型
2.危险源辨识知识	险情预测与分析	掌握危险源辨识基本知识,养成提前预判风险的习惯; 掌握动视力和视野盲区对安全行车的影响; 掌握跟车、会车、超车、变更车道、转弯、倒车、掉头等不同行驶状态下驾驶险情的预测与分析方法; 掌握山区道路、桥梁、隧道等典型道路环境下驾驶险情的预测与分析方法; 掌握雨天、雪天、雾(霾)天、风沙等恶劣气象条件下驾驶险情的预测与分析方法; 掌握高速公路驾驶险情的预测与分析方法; 掌握夜间驾驶险情的预测与分析方法	
3.夜间和高速公路安全驾驶知识	夜间驾驶	掌握夜间灯光的使用、路面的识别与判断、会车、跟车、超车、让超车、通过交叉路口、通过坡道、通过人行横道、转弯的安全驾驶方法及车辆发生故障时处置方法	A1、A2、A3、B1、B2、C1、C2、C3、C4、C5、D、E、F
	高速公路驾驶	掌握驶入高速公路收费口、通过匝道、汇入车流、加速车道行驶、行车道的选择、变更车道、速度控制、通过隧道、减速车道行驶、驶出高速公路的安全驾驶方法	
4.恶劣气象和复杂道路条件下的安全驾驶知识	雨天驾驶	掌握雨天正确使用灯光和刮水器、选择行驶路面、控制行驶速度、跟车、会车、制动、停车的安全驾驶方法	
	冰雪道路驾驶	掌握雪天正确使用灯光、选择行驶路面、控制行驶速度、跟车、会车、制动、停车的安全驾驶方法; 掌握结冰路面安全驾驶方法及防滑链的使用	
	雾(霾)天驾驶	掌握雾(霾)天正确使用灯光、选择行驶路面、控制行驶速度、跟车、会车、制动、停车的安全驾驶方法	
	大风天气驾驶	掌握大风天气正确使用灯光、选择行驶路面、控制行驶速度、跟车、会车、制动、停车安全驾驶方法	
	泥泞道路驾驶	掌握泥泞道路的路面选择、速度控制、方向控制方法; 了解侧滑、驱动轮空转的处置方法	
	涉水驾驶	熟悉通过漫水桥、漫水路及其他涉水情况的安全驾驶方法	
	施工道路驾驶	掌握通过施工路段的安全驾驶方法	

教学项目	教学内容	教学目标	适用车型
4. 恶劣气象和复杂道路条件下的安全驾驶知识	通过铁路道口	掌握通过铁路道口的安全驾驶方法	A1、A2、A3、B1、B2、C1、C2、C3、C4、C5、D、E、F
	山区道路驾驶	掌握山区道路跟车、超车、会车、停车、坡道和弯道行驶的安全驾驶方法	
	通过桥梁	掌握通过立交桥、公路跨线桥、山区跨涧公路大桥及跨江、河、海大桥及简易桥梁的安全驾驶方法	
	通过隧道	熟悉通过隧道的明暗适应知识；掌握通过隧道时灯光使用、速度控制方法及禁止行为；了解隧道中发生事故后应急逃生原则与方法	
5. 紧急情况应急处置知识	紧急情况临危处置	掌握紧急情况临危处置原则；熟悉轮胎漏气、突然爆胎、转向突然失控、制动突然失效、发动机突然熄火、车辆侧滑、碰撞、连续倾翻、着火、落水、突然出现障碍物、行人及动物突然横穿、遇险时处置及对乘员的保护等临危应急处置方法；掌握灭火器、安全锤、三角警告牌等的正确使用方法	A1、A2、A3、B1、B2、C1、C2、C3、C4、C5、D、E、F
	高速公路驾驶紧急避险	掌握高速公路紧急避险的原则；熟悉高速公路行驶发生"水滑"、雾(霾)天遇事故、意外碰撞护栏、遇到横风、紧急情况停车的应急避险方法；了解高速公路避险车道使用知识	
	发生交通事故后的处置	了解交通事故逃生、现场处置和伤员急救的原则；了解昏迷不醒、失血、烧伤、中毒、骨折伤员的自救、急救的基本要求和方法；了解常用的伤员止血方法	
6. 危险化学品知识	常见危险化学品知识	了解常见危险化学品和放射性物品的种类、危害及运输中特殊情况的处理原则	A1、A2、A3、B1、B2
7. 典型事故案例分析	违法行为综合判断与案例分析	能够正确分析道路交通典型事故案例，判断事故发生的主要原因	A1、A2、A3、B1、B2、C1、C2、C3、C4、C5、D、E、F
8. 综合复习及考核	安全文明驾驶知识	熟练掌握实际驾驶中的安全文明驾驶常识	A1、A2、A3、B1、B2、C1、C2、C3、C4、C5、D、E、F

六、教学日志

驾驶培训教学日志（样式）

车　　型：××
基本学时：××

驾培机构名称：××××××	学员姓名：×××	学员编号：××××

道路交通安全法律、法规和相关知识 基本学时：××	教学项目：1.法律、法规及道路交通信号；2.机动车基本知识；3.综合复习及考核。

次数/ 日期（月/日）	1 /	2 /	3 /	4 /	5 /	6 /	7 /	8 /	9 /	…… /
教学项目序号										
学时										
学员签字										
教练员评价及签字										

考　核			
次数/ 考核日期	1/ 月 日	2/ 月 日	……/ 月 日
考核意见	□合格　□不合格 建议：	□合格　□不合格 建议：	□合格　□不合格 建议：
考核员签字			

增加培训学时				
次数	日期（月/日）	教学内容	所用学时	学员签字	教练员评价及签字
1	/				
2	/				
……					

| 基础和场地驾驶 基本学时：×× | 教学项目：1.基础驾驶；2.场地驾驶；3.综合驾驶及考核。 |

次数/ 日期（月/日）	1 /	2 /	3 /	4 /	5 /	6 /	7 /	8 /	9 /	10 /
教学项目序号										
学时										
学员签字										
教练员评价及签字										
次数/ 日期（月/日）	11 /	12 /	13 /	14 /	15 /	16 /	17 /	18 /	19 /	…… /
教学项目序号										
学时										
学员签字										
教练员评价及签字										

考　　核			
次数/ 考核日期	1/　月　日	2/　月　日	……/　月　日
考核意见	□合格　□不合格 建议：	□合格　□不合格 建议：	□合格　□不合格 建议：
考核员签字			

增加培训学时				
次数	日期（月/日）	教学内容	所用学时	学员签字	教练员评价及签字
1	/				
2	/				
……	/				

道路驾驶

基本学时：×× 　　　教学项目：1.跟车行驶；2.变更车道；3.靠边停车；4.掉头……

次数/日期（月/日）	1/	2/	3/	4/	5/	6/	7/	8/	9/	10/
教学项目序号										
学时										
学员签字										
教练员评价及签字										
次数/日期（月/日）	11/	12/	13/	14/	15/	16/	17/	18/	19/	……/
教学项目序号										
学时										
学员签字										
教练员评价及签字										

考　核			
次数/考核日期	1/ 月 日	2/ 月 日	……/ 月 日
考核意见	□合格　□不合格 建议：	□合格　□不合格 建议：	□合格　□不合格 建议：
考核员签字			

增加培训学时				
次数	日期（月/日）	教学内容	所用学时	学员签字	教练员评价及签字
1	/				
……	/				

安全文明驾驶常识 基本学时：××		教学项目：1.安全、文明驾驶知识；2.危险源辨识知识……							

次数/日期（月/日）	1 /	2 /	3 /	4 /	5 /	6 /	7 /	8 /	9 /	……
教学项目序号										
学时										
学员签字										
教练员评价及签字										

考　核			
次数/考核日期	1/ 月 日	2/ 月 日	……/ 月 日
考核意见	□合格　□不合格 建议：	□合格　□不合格 建议：	□合格　□不合格 建议：
考核员签字			

增加培训学时					
次数	日期（月/日）	教学内容	所用学时	学员签字	教练员评价及签字
1	/				
2	/				
……					

结业考核			
次数/考核日期	1/ 月 日	2/ 月 日	……/ 月 日
考核意见	□合格　□不合格 建议：	□合格　□不合格 建议：	□合格　□不合格 建议：
考核员签字			
驾培机构审核盖章	结业考核合格，准予结业。　　　　　　　　　　　　　　　　　（驾培机构章） 　　　　　　　　　　　　　　　　　　　　　　　　　　　　　　年　月　日		

驾驶培训电子教学日志(样式)

驾培机构名称:×××××	学员姓名:×× 学员编号:××××	车型:××

××××(如道路驾驶) 基本学时:××	教学项目:×××××××××××××××××××××××××××××××××××××××。	

培训日期	×××年×月×日	训练照片1	训练照片2
培训时段	hh:mm – hh:mm(24 小时制)		
教练员	×××		
教练车号牌	×××学	总累计学时	×××(单位:min)
本次培训教学项目	×××××××××	法律法规和相关知识 累计学时	×××(单位:min)
本次培训学时	×××(单位:min)	基础和场地驾驶 累计学时	×××(单位:min)
本次培训行驶里程	×××(单位:km)	道路驾驶 累计学时	×××(单位:min)
本次培训平均速度	×××(单位:km/h)	安全文明驾驶常识 累计学时	×××(单位:min)
教练员评价			
教练员签字		学员签字	

备注:本表中所列为电子教学日志中必备内容,驾培机构可根据此表样式,结合计时培训管理需求,自行设计使用此日志。

驾校 教练员教学与服务指南 >>> >>> >

机动车驾驶人考试大纲

为规范机动车驾驶人考试工作,明确考试内容,提高考试科学水平,制定本大纲。

一、制定依据

根据《中华人民共和国道路交通安全法》及其实施条例、《中华人民共和国刑法》、《机动车驾驶证申领和使用规定》、《机动车登记规定》、《道路交通安全违法行为处理程序规定》、《道路交通事故处理程序规定》等有关规定制定。

二、考试目标

根据规定,符合国务院公安部门规定的驾驶许可条件的人员,可申请参加机动车驾驶人考试。机动车驾驶人考试执行全国统一的考试内容和合格标准,考核应考人员是否了解和掌握道路交通安全法律法规知识、安全文明驾驶常识和驾驶技能,是否具备驾驶安全意识。对通过考试的人员,公安机关交通管理部门核发机动车驾驶证。

三、考试内容

1. 本大纲分为"科目一　道路交通安全法律、法规和相关知识考试""科目二　场地驾驶技能考试""科目三　道路驾驶考试"和"科目三　安全文明驾驶常识考试"四部分内容。

2. "科目一　道路交通安全法律、法规和相关知识考试"内容包括驾驶证和机动车管理规定、道路通行条件及通行规定、道路交通安全违法行为及处罚、道路交通事故处理相关规定、机动车基础知识等六部分内容。

3. "科目二　场地驾驶技能考试"内容和"科目三　道路驾驶技能考试"内容按照《机动车驾驶证申领和使用规定》中关于不同准驾车型规定的相应考试项目进行设置。

4. "科目三　安全文明驾驶常识考试"内容包括安全行车常识、文明行车常识、道路交通信号在交通场景中的综合应用、恶劣气象和复杂道路条件下安全驾驶知识、紧急情况下避险常识、典型事故案例分析、交通事故处置及常见危险化学品处置常识等八部分内容。

四、考试要求

1. 对考试内容的考核要求按照由低到高分为三个层次,分别是"了解""熟知"和"掌握",高一层次的考试要求包括低一层次的考试要求。

——了解,要求应考人员清楚考点的概念、作用,能够在简单交通环境中进行识别和应用。

——熟知,要求应考人员全面了解考点知识,能够理解知识要点内涵,清楚操作要领,并能够分析、解释原因。

——掌握,要求应考人员能够深入理解考点知识、技能及有关原理,能够在复杂交通环境中综合运用相关知识,熟练驾驶车辆。

2. 考试大纲科目一考试和科目三安全文明驾驶常识考试的考试要点分为通用考试要点和专用考试要点。通用考试要点适用于所有准驾车型考试。专用考试要点适用于大型客车、牵引车、城市公交车、中型客车、大型货车准驾车型考试,大纲考试要点中带有"※"符号的为专用考试要点。

3. 轮式自行机械车(M)、无轨电车(N)、有轨电车(P)三种准驾车型的考试大纲,由各省级公安机关交通管理部门根据需要和地方特点自行制定,并报公安部备案。

五、考试要点

科目一 道路交通安全法律、法规和相关知识考试

考试项目	考试内容	考试要点	考试目标
1.驾驶证和机动车管理规定	驾驶证申领和使用规定	机动车驾驶许可; 机动车驾驶证种类、准驾车型和有效期; 机动车驾驶证申请条件; 驾驶人考试内容和合格标准; 学习驾驶证明使用规定; 驾驶证实习期; 有效期满、转入、变更换证; 驾驶证遗失补证; 违法记分管理制度; 驾驶证注销情形; 驾驶证审验; 驾驶人体检; 申请增加准驾车型的条件※; 大中型客货车驾驶证日常管理要求※	考核是否掌握驾驶证申领使用相关知识;是否了解机动车登记使用的相关知识
	机动车登记和使用规定	机动车注册、变更、转移、抵押、注销登记; 机动车登记证书灭失、丢失或损毁; 机动车号牌、行驶证灭失、丢失或者损毁; 机动车上路行驶条件; 机动车号牌设置使用; 机动车安全检验; 机动车交通事故责任强制保险; 机动车强制报废※	

考试项目	考试内容	考 试 要 点	考试目标
2.道路通行条件及通行规定	道路交通信号	道路交通信号灯的分类、含义、识别和作用； 道路交通标志的分类、含义、识别和作用； 道路交通标线的分类、含义、识别和作用； 交通警察手势的分类、含义、识别和作用	考核是否掌握道路通行条件以及道路通行规定相关知识
	道路通行规定	右侧通行； 灯光、喇叭的使用； 有划分车道、无划分车道的道路通行； 机动车超车规定； 跟车距离的保持要求； 交叉路口通行； 机动车变更车道规定； 机动车限速通行； 机动车会车规定； 机动车掉头规定； 机动车倒车规定； 铁路道口及渡口通行； 缓行、拥堵路段或路口通行； 漫水路、漫水桥通行； 避让行人和非机动车； 避让特种车辆、道路养护作业车辆； 遇校车通行规定； 专用车道的使用要求； 机动车载物规定； 机动车载人规定； 驾驶机动车禁止行为； 机动车停车规定； 牵引挂车规定； 机动车故障处置； 牵引故障机动车	
	高速公路通行特殊规定	高速公路禁行要求； 高速公路限速规定； 进出高速公路； 跟车距离要求； 低能见度通行条件下的通行规定； 应急车道使用规定； 高速公路禁止行为； 高速公路机动车故障处置	

考试项目	考试内容	考试要点	考试目标
3.道路交通安全违法行为及处罚	道路交通安全违法行政强制措施	扣留机动车的情形； 扣留机动车驾驶证的情形； 拖移机动车的情形； 强制检验体内违禁饮(用)品含量的情形	考核是否掌握涉及道路交通安全的违法行为；是否了解相关行政强制措施、行政处罚、刑事处罚的知识
	道路交通安全违法行政处罚	道路交通安全违法的行政处罚种类； 违反道路通行规定的处罚； 饮酒、醉酒驾车的处罚； 涉及登记证书、号牌、证件、标志违法的处罚； 未投保交强险的处罚； 违法停车的处罚； 超速等其他违法行为的处罚； 超载、超员的处罚※	
	道路交通安全违法刑事处罚	交通肇事罪； 危险驾驶罪； 伪造、变造、买卖驾驶证； 使用伪造、变造的或者盗用他人驾驶证； 其他涉牌涉证行为的刑事处罚	
4.道路交通事故处理相关规定	道路交通事故处理	事故报警； 事故现场处置； 高速公路事故现场处置； 自行协商事故处理； 事故现场的强制撤离	考核是否掌握道路交通事故处理的相关知识
5.机动车基础知识	车辆结构与车辆性能常识	车辆的基本构成； 车辆制动性对行车安全影响的相关知识； 车辆通过性对行车安全影响的相关知识； 车辆轮胎、燃油、润滑油、冷却液、风窗玻璃清洗液等运行材料的作用和使用要求※	考核是否了解车辆基本构成和车辆性能常识；是否了解机动车主要仪表、指示灯、报警灯的作用；是否掌握常见操纵装置、安全装置作用及使用要求等知识；是否熟知大中型客货车制动系统及安全装置相关知识
	常见操纵装置	转向盘的作用； 机动车踏板分类和作用； 变速器操纵杆的作用； 驻车制动器的作用； 各类开关的辨识和作用	

考试项目	考试内容	考试要点	考试目标
5.机动车基础知识	常见安全装置	仪表、指示灯、报警灯的辨识和作用； 安全头枕的作用及使用要求； 安全带的作用及使用要求； 安全气囊的作用及使用要求； 儿童安全座椅的作用及使用要求； 防抱死制动装置等其他常见安全装置的作用； 逃生出口种类和使用要求	考核是否了解车辆基本构成和车辆性能常识；是否了解机动车主要仪表、指示灯、报警灯的作用；是否掌握常见操纵装置、安全装置作用及使用要求等知识；是否熟知大中型客货车制动系统及安全装置相关知识
	大中型客货车制动系统及安全装置※	客车、城市公交车行车制动装置、辅助制动装置、驻车制动装置的作用和使用要求； 客车、城市公交车车门、安全出口、安全窗、安全锤、灭火器等安全装置的使用要求； 货车制动系统的特点和使用要求； 汽车列车连接与分离装置的使用要求； 紧急切断阀的作用和使用要求	
6.地方性法规	根据地方性法规选定的重点内容		考核地方性法规的重点内容

科目二 场地驾驶技能考试

考试项目	考试要点	考试车型	考试目标
1.桩考	正确判断车身行驶空间位置,操控车辆完成倒车或前进通过空间限位障碍	A1、A2、A3、B1、B2、C4、D、E、F	考核是否掌握车辆机件操纵方法；是否具备正确控制车辆运动空间位置的能力以及准确地控制车辆的行驶位置、速度和路线的能力
2.倒车入库	准确判断车身位置,参照地面标线操纵车辆从两侧正确倒入和驶出车库	C1、C2、C3、C5	
3.坡道定点停车和起步	准确控制停车位置,协调运用加速踏板、驻车制动器和离合器,平稳起步	A1、A2、A3、B1、B2、C1、C2、C3、C4、C5、D、E、F	
4.侧方停车	正确操纵车辆顺向准确停入道路右侧车位	A1、A2、A3、B1、B2、C1、C2、C3、C5	
5.通过单边桥	在行驶中操纵转向装置,控制车轮保持直线行驶,通过单边桥	A1、A2、A3、B1、B2、C4、D、E、F	
6.曲线行驶	在行驶中操纵转向装置,准确判断车轮位置,控制车辆曲线行驶	A1、A2、A3、B1、B2、C1、C2、C3、C5	
7.直角转弯	在行驶中操纵转向装置,控制内轮差通过转弯区域	A1、A2、A3、B1、B2、C1、C2、C3、C5	

考试项目	考试要点	考试车型	考试目标
8.通过限宽门	在行驶中准确判断车身空间位置,控制车辆以一定车速通过限宽门	A1、A2、A3、B1、B2	
9.通过连续障碍	在行驶中准确判断左右车轮内侧空间运行变化,控制车辆骑于连续障碍之上通过	A1、A2、A3、B1、B2	
10.起伏路行驶	在行驶中针对凹凸障碍以最小颠簸方式通过障碍	A1、A2、A3、B1、B2	
11.窄路掉头	不超过三进二退掉头后靠右停车	A1、A2、A3、B1、B2	
12.模拟高速公路驾驶	驶入驶出高速公路、合理选择行车道、遵守行车规定以及高速公路应急停车	A1、A2、A3、B1、B2	
13.模拟连续急弯山区路驾驶	通过模拟急弯山区路能够做到减速、鸣喇叭、靠右行,控制车辆在本方车道内行驶	A1、A2、A3、B1、B2	考核是否掌握车辆机件操纵方法;是否具备正确控制车辆运动空间位置的能力以及准确地控制车辆的行驶位置、速度和路线的能力
14.模拟隧道驾驶	进入隧道前完成减速、开灯、鸣喇叭操作,驶出隧道前鸣喇叭、驶出隧道后关闭前照灯	A1、A2、A3、B1、B2	
15.模拟雨(雾)天驾驶	在模拟雨雾天气中完成减速、选择刮水器挡位、开启灯光等操作	A1、A2、A3、B1、B2	
16.模拟湿滑路驾驶	在模拟湿滑路中正确操控车辆,使用低速挡平稳通过	A1、A2、A3、B1、B2	
17.模拟紧急情况处置	在模拟紧急情况出现时,合理完成制动、停车、开启危险报警闪光灯、摆放警告标志、撤离车内人员等操作	A1、A2、A3、B1、B2	
18.省级公安机关交通管理部门增加的考试内容	省级公安机关交通管理部门可以根据实际增加考试内容,并确定轮式自行机械车、无轨电车、有轨电车的考试内容	A1、A2、A3、B1、B2、C1、C2、C3、C5、M、N、P	

科目三　道路驾驶技能考试

考试项目	考试要点	考试车型	考试目标
1.上车准备	上车前观察车辆周围及车底是否存在安全隐患,检查轮胎及车辆外观,车牌和后视镜有无污损、遮挡,确认安全,上车动作规范	A1、A2、A3、B1、B2、C1、C2、C3、C5	考核是否掌握道路上的安全驾驶方法;是否具备准确判断不同道路情景中的潜在危险以及正确有效处置随机出现的交通状况的能力;是否具备无意识合理操纵车辆的能力;是否具备安全、谨慎驾驶意识
2.起步	起步前调整和检查车内设施,观察后方、侧方交通情况,起步过程规范、平稳	A1、A2、A3、B1、B2、C1、C2、C3、C5	
3.直线行驶	根据道路情况合理控制车速,正确使用挡位,保持直线行驶	A1、A2、A3、B1、B2、C1、C2、C3、C5	

考试项目	考试要点	考试车型	考试目标
4.加减挡位操作	根据道路交通状况和车速,合理加减挡,换挡及时、平顺	A1、A2、A3、B1、B2、C1、C2、C3、C5	
5.变更车道	变更车道过程中正确使用转向灯,观察、判断侧后方交通情况,保持车辆安全间距,控制行驶速度,合理选择变道时机,变道过程平顺	A1、A2、A3、B1、B2、C1、C2、C3、C5	
6.靠边停车	观察后方和右侧的交通情况,提前开启转向灯,减速向右、平稳停车	A1、A2、A3、B1、B2、C1、C2、C3、C5	
7.直行通过路口	观察路口交通信号及道路交通情况,减速或停车瞭望,直行安全通过路口	A1、A2、A3、B1、B2、C1、C2、C3、C5	
8.路口左转弯	观察路口交通信号及道路交通情况,提前开启转向灯,驶入相应车道,减速或停车瞭望,偏头查看左前车窗立柱盲区,左转弯安全通过路口	A1、A2、A3、B1、B2、C1、C2、C3、C5	
9.路口右转弯	观察路口交通信号及道路交通情况,提前开启转向灯,驶入相应车道,减速或停车瞭望,观察右侧内轮差行驶区域,右转弯安全通过路口	A1、A2、A3、B1、B2、C1、C2、C3、C5	考核是否掌握道路上的安全驾驶方法;是否具备准确判断不同道路情景中的潜在危险以及正确有效处置随机出现的交通状况的能力;是否具备无意识合理操纵车辆的能力;是否具备安全、谨慎驾驶意识
10.通过人行横道	提前减速,观察两侧交通情况,确认安全后,合理控制车速通过,遇行人停车让行	A1、A2、A3、B1、B2、C1、C2、C3、C5	
11.通过学校区域	提前减速观察情况,文明礼让,确保安全通过,遇有学生横过马路时应停车让行	A1、A2、A3、B1、B2、C1、C2、C3、C5	
12.通过公共汽车站	提前减速,观察公共汽车进、出站动态和乘客上下车动态,着重注意同向公共汽车前方或对向公共汽车后方有无行人横穿道路	A1、A2、A3、B1、B2、C1、C2、C3、C5	
13.会车	正确判断会车地点,与对方车辆保持安全间距,注意对方车辆后方交通情况	A1、A2、A3、B1、B2、C1、C2、C3、C5	
14.超车	保持与被超越车辆的安全跟车距离,观察后方以及左前方交通情况,选择合理时机,正确使用灯光,从被超越车辆的左侧超越。超越后,在不影响被超越车辆正常行驶的情况下,逐渐驶回原车道	A1、A2、A3、B1、B2、C1、C2、C3、C5	
15.掉头	降低车速,观察交通情况,正确选择掉头地点和时机,发出掉头信号后掉头;掉头时不妨碍其他车辆和行人的正常通行	A1、A2、A3、B1、B2、C1、C2、C3、C5	

考试项目	考试要点	考试车型	考试目标
16.夜间行驶	行驶中根据各种照明、道路和车流情况正确使用灯光	A1、A2、A3、B1、B2、C1、C2、C3、C5	考核是否掌握道路上的安全驾驶方法；是否具备准确判断不同道路情景中的潜在危险以及正确有效处置随机出现的交通状况的能力；是否具备无意识合理操纵车辆的能力；是否具备安全、谨慎驾驶意识
17.省级公安机关交通管理部门确定的考试内容	除大型客车、牵引车、城市公交车、中型客车、大型货车、小型汽车、小型自动挡汽车、低速载货汽车和残疾人专用小型自动挡载客汽车外的其他准驾车型考试内容	C4、D、E、F、M、N、P	
18.省级公安机关交通管理部门增加的考试内容	大型客车、牵引车、城市公交车、中型客车、大型货车的山区、隧道、陡坡等复杂道路驾驶考试内容	A1、A2、A3、B1、B2	

科目三 安全文明驾驶常识考试

考试项目	考试内容	考试要点	考试目标
1. 安全行车常识	日常检查与维护	出车前的检查；行车中与收车后的检查；车辆的日常维护	考核是否了解车辆日常检查与维护知识；是否熟知各类不良驾驶状态的危害及预防知识；是否掌握危险源辨识的相关知识；是否具备安全、谨慎驾驶意识
	安全驾驶状态	酒精、毒品、药物对驾驶影响相关知识；疲劳驾驶的防范知识；不良情绪状态对驾驶影响相关知识；集中驾驶注意力常识	
	危险源的识别与预防	行车视距；车辆盲区的辨识与预防；内轮差知识；行车观察与潜在危险的辨识	
	安全驾驶操作要求	起步前调整；安全起步；安全变更车道；安全跟车；安全超车、让超车；安全会车；安全掉头；安全倒车；安全停车；路口安全驾驶；安全通过学校等特殊区域；弯道安全驾驶；机动车操纵装置的安全操作要求；与大型车辆共行的相关知识	

考试项目	考试内容	考试要点	考试目标
2. 文明行车常识	保护其他交通参与者	保护行人和骑车人； 保护乘车人	考核是否掌握文明驾驶知识；是否具备文明、礼让驾驶意识
	与其他车辆共用道路	遇紧急车辆的处置； 礼让公交车辆与校车； 驾驶机动车的其他礼让行为	
	文明使用灯光及喇叭	文明使用灯光； 文明使用喇叭	
	常见不文明行为	常见不文明行为	
3. 道路交通信号在交通场景中的综合应用	路口交通信号综合应用	不同类型交叉路口交通信号综合应用	考核是否掌握实际道路驾驶时各类道路交通信号的综合应用知识
	路段交通信号综合应用	不同类型道路路段交通信号综合应用	
	特殊场所交通信号综合应用	车站、码头、铁路道口等场所交通信号综合应用	
4. 恶劣气象和复杂道路条件下安全驾驶知识	通过桥梁隧道的安全驾驶	通过桥梁安全驾驶； 通过双向行驶隧道的安全驾驶	考核是否掌握复杂道路条件、恶劣气象和高速公路的安全驾驶知识
	山区道路安全驾驶	山区道路跟车时安全距离的控制； 山区道路超车时的安全驾驶； 山区道路会车时的安全驾驶； 山区道路安全停车； 山区道路坡道的安全驾驶； 山区道路弯道的安全驾驶	
	夜间安全驾驶	夜间灯光的使用要求； 夜间路面的识别与判断； 夜间跟车、超车、让超车时的安全驾驶； 夜间会车时的安全驾驶； 夜间通过交叉路口时的安全驾驶； 夜间通过坡道、人行横道时的安全驾驶； 夜间转弯、发生故障时的安全驾驶	
	特殊道路及恶劣气象条件下的安全驾驶	雨天安全驾驶； 冰雪道路的安全驾驶； 雾天安全驾驶； 大风天气的安全驾驶； 泥泞、涉水、施工道路的安全驾驶	

考试项目	考试内容	考试要点	考试目标
4.恶劣气象和复杂道路条件下安全驾驶知识	高速公路安全驾驶	驶入收费口； 安全汇入车流； 行车道的选择； 行车速度确认； 安全距离确认； 应急车道的使用； 安全通过高速公路隧道、桥梁； 驶离高速公路	考核是否掌握复杂道路条件、恶劣气象和高速公路的安全驾驶知识
5.紧急情况下避险常识	紧急情况通用避险知识	紧急情况下的避险原则； 轮胎漏气的处置； 突然爆胎的处置； 转向突然失控的处置； 制动突然失效的处置； 发动机突然熄火的处置； 侧滑时的处置； 碰撞时的应急处置； 倾翻时的应急处置； 火灾时的应急处置； 车辆落水的应急处置	考核是否熟知紧急情况下的临危处置的基本知识
	高速公路紧急避险	发生"水滑"的处置； 雾天遇到事故的处置； 意外碰撞护栏的处置； 遇到横风的处置； 紧急情况停车的应急处置	
6.典型事故案例分析	典型事故案例驾驶行为分析	典型事故违法行为分析； 典型事故不安全驾驶行为分析	考核是否掌握分析典型事故案例事故致因以及事故预防知识
	典型事故案例经验教训	典型道路交通事故客观成因； 典型道路交通事故预防知识	
7.交通事故救护及常见危险化学品处置常识	事故处置	事故处置原则； 事故现场处置常规方法	考核是否掌握事故现场处置方法；是否了解伤员自救常识和常见危险化学品特性等常识
	伤员自救、急救	伤员急救的基本要求； 伤员的移动； 失血伤员的急救； 烧伤者的急救； 中毒伤员的急救； 骨折伤员的处置	

考试项目	考试内容	考试要点	考试目标
7.交通事故救护及常见危险化学品处置常识	常见危险化学品	常见危险化学品的特性； 常见危险化学品的个人安全防护常识； 危险化学品运输中特殊情况的处理	考核是否掌握事故现场处置方法；是否了解伤员自救常识和常见危险化学品特性等常识
8.地方试题	省级公安交通管理部门根据实际确定的考试内容		考核本地实际确定的安全文明驾驶常识

附录二

机动车驾驶证申领和使用规定

（公安部令第139号）

第一章 总 则

第一条 根据《中华人民共和国道路交通安全法》及其实施条例、《中华人民共和国行政许可法》，制定本规定。

第二条 本规定由公安机关交通管理部门负责实施。

省级公安机关交通管理部门负责本省（自治区、直辖市）机动车驾驶证业务工作的指导、检查和监督。直辖市公安机关交通管理部门车辆管理所、设区的市或者相当于同级的公安机关交通管理部门车辆管理所负责办理本行政辖区内机动车驾驶证业务。

县级公安机关交通管理部门车辆管理所可以办理本行政辖区内低速载货汽车、三轮汽车、摩托车驾驶证业务，以及其他机动车驾驶证换发、补发、审验、提交身体条件证明等业务。条件具备的，可以办理小型汽车、小型自动挡汽车、残疾人专用小型自动挡载客汽车驾驶证业务，以及其他机动车驾驶证的道路交通安全法律、法规和相关知识考试业务。具体业务范围和办理条件由省级公安机关交通管理部门确定。

第三条 车辆管理所办理机动车驾驶证业务，应当遵循严格、公开、公正、便民的原则。

车辆管理所办理机动车驾驶证业务，应当依法受理申请人的申请，审核申请人提交的材料。对符合条件的，按照规定的标准、程序和期限办理机动车驾驶证。对申请材料不齐全或者不符合法定形式的，应当一次书面告知申请人需要补正的全部内容。对不符合条件的，应当书面告知理由。

车辆管理所应当将法律、行政法规和本规定的有关办理机动车驾驶证的事项、条件、依据、程序、期限以及收费标准、需要提交的全部材料的目录和申请表示范文本等在办公场所公示。

省级、设区的市或者相当于同级的公安机关交通管理部门应当在互联网上建立主页，发布信息，便于群众查阅办理机动车驾驶证的有关规定，查询驾驶证使用状态、交通违法及记分等情况，下载、使用有关表格。

第四条 申请办理机动车驾驶证业务的人，应当如实向车辆管理所提交规定的材料，如实申告规定的事项，并对其申请材料实质内容的真实性负责。

第五条 公安机关交通管理部门应当建立对车辆管理所办理机动车驾驶证业务的监督制度，加强对驾驶人考试、驾驶证核发和使用的监督管理。

第六条 车辆管理所应当使用机动车驾驶证计算机管理系统核发、打印机动车驾驶证，不使用计算机管理系统核发、打印的机动车驾驶证无效。

机动车驾驶证计算机管理系统的数据库标准和软件全国统一，能够完整、准确地记录和存储申请受理、科目考试、机动车驾驶证核发等全过程和经办人员信息，并能够实时将有关信息传送到全国公安交通管理信息系统。

第七条 车辆管理所应当使用互联网交通安全综合服务管理平台，按规定办理机动车驾驶证业务。

互联网交通安全综合服务管理平台信息管理系统数据库标准和软件全国统一。

申请人使用互联网交通安全综合服务管理平台办理机动车驾驶证业务的，经过身份验证后，可以通过网上提交申请。

第二章 机动车驾驶证申请

第一节 机动车驾驶证

第八条 驾驶机动车，应当依法取得机动车驾驶证。

第九条 机动车驾驶人准予驾驶的车型顺序依次分为：大型客车、牵引车、城市公交车、中型客车、大型货车、小型汽车、小型自动挡汽车、低速载货汽车、三轮汽车、残疾人专用小型自动挡载客汽车、普通三轮摩托车、普通二轮摩托车、轻便摩托车、轮式自行机械车、无轨电车和有轨电车（附件1）。

第十条 机动车驾驶证记载和签注以下内容：

（一）机动车驾驶人信息：姓名、性别、出生日期、国籍、住址、身份证明号码（机动车驾驶证号码）、照片；

（二）车辆管理所签注内容：初次领证日期、准驾车型代号、有效期限、核发机关印章、档案编号。

第十一条 机动车驾驶证有效期分为六年、十年和长期。

第二节 申　　请

第十二条 申请机动车驾驶证的人，应当符合下列规定：

（一）年龄条件：

1. 申请小型汽车、小型自动挡汽车、残疾人专用小型自动挡载客汽车、轻便摩托车准驾车型的，在18周岁以上、70周岁以下；

2. 申请低速载货汽车、三轮汽车、普通三轮摩托车、普通二轮摩托车或者轮式自行机械车准驾车型的，在18周岁以上、60周岁以下；

3. 申请城市公交车、大型货车、无轨电车或者有轨电车准驾车型的，在20周岁以上、50周岁以下；

4. 申请中型客车准驾车型的，在21周岁以上、50周岁以下；

5. 申请牵引车准驾车型的，在24周岁以上、50周岁以下；

6. 申请大型客车准驾车型的，在26周岁以上、50周岁以下；

7. 接受全日制驾驶职业教育的学生，申请大型客车、牵引车准驾车型的，在20周岁以上，50周岁以下。

（二）身体条件：

1. 身高：申请大型客车、牵引车、城市公交车、大型货车、无轨电车准驾车型的，身高为155厘米以上。申请中型客车准驾车型的，身高为150厘米以上；

2. 视力：申请大型客车、牵引车、城市公交车、中型客车、大型货车、无轨电车或者有轨电车准驾车型的，两眼裸视力或者矫正视力达到对数视力表5.0以上。申请其他准驾车型的，两眼裸视力或者矫正视力达到对数视力表4.9以上。单眼视力障碍，优眼裸视力或者矫正视力达到对数视力表5.0以上，且水平视野达到150度的，可以申请小型汽车、小型自动挡汽车、低速载货汽车、三轮汽车、残疾人专用小型自动挡载客汽车准驾车型的机动车驾驶证；

3. 辨色力：无红绿色盲；

4. 听力：两耳分别距音叉50厘米能辨别声源方向。有听力障碍但佩戴助听设备能够达到以上条件的，可以申请小型汽车、小型自动挡汽车准驾车型的机动车驾驶证；

5. 上肢：双手拇指健全，每只手其他手指必须有三指健全，肢体和手指运动功能正常。但手指末节残缺或者左手有三指健全，且双手手掌完整的，可以申请小型汽车、小型自动挡汽车、低速载货汽车、三轮汽车准驾车型的机动车驾驶证；

6. 下肢：双下肢健全且运动功能正常，不等长度不得大于5厘米。但左下肢缺失或者丧失运动功能的，可以申请小型自动挡汽车准驾车型的机动车驾驶证；

7. 躯干、颈部：无运动功能障碍；

8. 右下肢、双下肢缺失或者丧失运动功能但能够自主坐立，且上肢符合本项第5目规定的，可以申请残疾人专用小型自动挡载客汽车准驾车型的机动车驾驶证。一只手掌缺失，另一只手拇指健全，其他手指有两指健全，上肢和手指运动功能正常，且下肢符合本项第6目规定的，可以申请残疾人专用小型自动挡载客汽车准驾车型的机动车驾驶证。

第十三条　有下列情形之一的，不得申请机动车驾驶证：

（一）有器质性心脏病、癫痫病、美尼尔氏症、眩晕症、癔病、震颤麻痹、精神病、痴呆以及影响肢体活动的神经系统疾病等妨碍安全驾驶疾病的；

（二）三年内有吸食、注射毒品行为或者解除强制隔离戒毒措施未满三年，或者长期服用依赖性精神药品成瘾尚未戒除的；

（三）造成交通事故后逃逸构成犯罪的；

（四）饮酒后或者醉酒驾驶机动车发生重大交通事故构成犯罪的；

（五）醉酒驾驶机动车或者饮酒后驾驶营运机动车依法被吊销机动车驾驶证未满五年的；

（六）醉酒驾驶营运机动车依法被吊销机动车驾驶证未满十年的；

（七）因其他情形依法被吊销机动车驾驶证未满二年的；

（八）驾驶许可依法被撤销未满三年的；

（九）法律、行政法规规定的其他情形。

未取得机动车驾驶证驾驶机动车，有第一款第五项至第七项行为之一的，在规定期限内不得申请机动车驾驶证。

第十四条 初次申领机动车驾驶证的，可以申请准驾车型为城市公交车、大型货车、小型汽车、小型自动挡汽车、低速载货汽车、三轮汽车、残疾人专用小型自动挡载客汽车、普通三轮摩托车、普通二轮摩托车、轻便摩托车、轮式自行机械车、无轨电车、有轨电车的机动车驾驶证。

已持有机动车驾驶证，申请增加准驾车型的，可以申请增加的准驾车型为大型客车、牵引车、城市公交车、中型客车、大型货车、小型汽车、小型自动挡汽车、低速载货汽车、三轮汽车、普通三轮摩托车、普通二轮摩托车、轻便摩托车、轮式自行机械车、无轨电车、有轨电车。

第十五条 已持有机动车驾驶证，申请增加准驾车型的，应当在本记分周期和申请前最近一个记分周期内没有记满12分记录。申请增加中型客车、牵引车、大型客车准驾车型的，还应当符合下列规定：

（一）申请增加中型客车准驾车型的，已取得驾驶城市公交车、大型货车、小型汽车、小型自动挡汽车、低速载货汽车或者三轮汽车准驾车型资格三年以上，并在申请前最近连续三个记分周期内没有记满12分记录；

（二）申请增加牵引车准驾车型的，已取得驾驶中型客车或者大型货车准驾车型资格三年以上，或者取得驾驶大型客车准驾车型资格一年以上，并在申请前最近连续三个记分周期内没有记满12分记录；

（三）申请增加大型客车准驾车型的，已取得驾驶城市公交车、中型客车或者大型货车准驾车型资格五年以上，或者取得驾驶牵引车准驾车型资格二年以上，并在申请前最近连续五个记分周期内没有记满12分记录。

正在接受全日制驾驶职业教育的学生，已在校取得驾驶小型汽车准驾车型资格，并在本记分周期和申请前最近一个记分周期内没有记满12分记录的，可以申请增加大型客车、牵引车准驾车型。

第十六条 有下列情形之一的，不得申请大型客车、牵引车、城市公交车、中型客车、大型货车准驾车型：

（一）发生交通事故造成人员死亡，承担同等以上责任的；

（二）醉酒后驾驶机动车的；

（三）被吊销或者撤销机动车驾驶证未满十年的。

第十七条 持有军队、武装警察部队机动车驾驶证，或者持有境外机动车驾驶证，符合本规定的申请条件，可以申请相应准驾车型的机动车驾驶证。

第十八条 申领机动车驾驶证的人，按照下列规定向车辆管理所提出申请：

（一）在户籍所在地居住的，应当在户籍所在地提出申请；

（二）在户籍所在地以外居住的，可以在居住地提出申请；

（三）现役军人（含武警），应当在居住地提出申请；

（四）境外人员，应当在居留地或者居住地提出申请；

（五）申请增加准驾车型的，应当在所持机动车驾驶证核发地提出申请；

（六）接受全日制驾驶职业教育，申请增加大型客车、牵引车准驾车型的，应当在接受教育地提出申请。

第十九条　初次申请机动车驾驶证，应当填写申请表，并提交以下证明：

（一）申请人的身份证明；

（二）县级或者部队团级以上医疗机构出具的有关身体条件的证明。属于申请残疾人专用小型自动挡载客汽车的，应当提交经省级卫生主管部门指定的专门医疗机构出具的有关身体条件的证明。

第二十条　申请增加准驾车型的，应当填写申请表，提交第十九条规定的证明和所持机动车驾驶证。属于接受全日制驾驶职业教育，申请增加大型客车、牵引车准驾车型的，还应当提交学校出具的学籍证明。

第二十一条　持军队、武装警察部队机动车驾驶证的人申请机动车驾驶证，应当填写申请表，并提交以下证明、凭证：

（一）申请人的身份证明。属于复员、转业、退伍的人员，还应当提交军队、武装警察部队核发的复员、转业、退伍证明；

（二）县级或者部队团级以上医疗机构出具的有关身体条件的证明；

（三）军队、武装警察部队机动车驾驶证。

第二十二条　持境外机动车驾驶证的人申请机动车驾驶证，应当填写申请表，并提交以下证明、凭证：

（一）申请人的身份证明；

（二）县级以上医疗机构出具的有关身体条件的证明。属于外国驻华使馆、领馆人员及国际组织驻华代表机构人员申请的，按照外交对等原则执行；

（三）所持机动车驾驶证。属于非中文表述的，还应当出具中文翻译文本。

申请人属于内地居民的，还应当提交申请人的护照或者《内地居民往来港澳通行证》、《大陆居民往来台湾通行证》。

第二十三条　实行小型汽车、小型自动挡汽车驾驶证自学直考的地方，申请人可以使用加装安全辅助装置的自备机动车，在具备安全驾驶经历等条件的人员随车指导下，按照公安机关交通管理部门指定的路线、时间学习驾驶技能，按照第十九条或者第二十条的规定申请相应准驾车型的驾驶证。

小型汽车、小型自动挡汽车驾驶证自学直考管理制度由公安部另行规定。

第二十四条　申请机动车驾驶证的人，符合本规定要求的驾驶许可条件，具有下列情形之一的，可以按照第十四条第一款和第十九条的规定直接申请相应准驾车型的机动车驾驶证考试：

（一）原机动车驾驶证因超过有效期未换证被注销的；

（二）原机动车驾驶证因未提交身体条件证明被注销的；

（三）原机动车驾驶证由本人申请注销的；

（四）原机动车驾驶证因身体条件暂时不符合规定被注销的；

（五）原机动车驾驶证因其他原因被注销的，但机动车驾驶证被吊销或者被撤销的除外；

（六）持有的军队、武装警察部队机动车驾驶证超过有效期的；

（七）持有的境外机动车驾驶证超过有效期的。

有前款第六项、第七项规定情形之一的，还应当提交超过有效期的机动车驾驶证。

第二十五条　申请人提交的证明、凭证齐全、符合法定形式的，车辆管理所应当受理，并按规定审核申请人的机动车驾驶证申请条件。属于第二十二条第二款规定情形的，还应当核查申请人的出入境记录；属于第二十四条第一款第一项至第五项规定情形之一的，还应当核查申请人的驾驶经历。

对于符合申请条件的，车辆管理所应当按规定安排预约考试；不需要考试的，一日内核发机动车驾驶证。

第二十六条　车辆管理所对申请人的申请条件及提交的材料、申告的事项有疑义的，可以对实质内容进行调查核实。

调查时，应当询问申请人并制作询问笔录，向证明、凭证的核发机关核查。

经调查，申请人不符合申请条件的，不予办理；有违法行为的，依法予以处理。

第三章　机动车驾驶人考试

第一节　考试内容和合格标准

第二十七条　机动车驾驶人考试内容分为道路交通安全法律、法规和相关知识考试科目（以下简称"科目一"）、场地驾驶技能考试科目（以下简称"科目二"）、道路驾驶技能和安全文明驾驶常识考试科目（以下简称"科目三"）。

第二十八条　考试内容和合格标准全国统一，根据不同准驾车型规定相应的考试项目。

第二十九条　科目一考试内容包括：道路通行、交通信号、交通安全违法行为和交通事故处理、机动车驾驶证申领和使用、机动车登记等规定以及其他道路交通安全法律、法规和规章。

第三十条　科目二考试内容包括：

（一）大型客车、牵引车、城市公交车、中型客车、大型货车考试桩考、坡道定点停车和起步、侧方停车、通过单边桥、曲线行驶、直角转弯、通过限宽门、通过连续障碍、起伏路行驶、窄路掉头，以及模拟高速公路、连续急弯山区路、隧道、雨（雾）天、湿滑路、紧急情况处置；

（二）小型汽车、小型自动挡汽车、残疾人专用小型自动挡载客汽车和低速载货汽车考试倒车入库、坡道定点停车和起步、侧方停车、曲线行驶、直角转弯；

（三）三轮汽车、普通三轮摩托车、普通二轮摩托车和轻便摩托车考试桩考、坡道定点停车和起步、通过单边桥；

（四）轮式自行机械车、无轨电车、有轨电车的考试内容由省级公安机关交通管理部门确定。

对第一款第一项、第二项规定的准驾车型，省级公安机关交通管理部门可以根据实际增加考试内容。

第三十一条　科目三道路驾驶技能考试内容包括：大型客车、牵引车、城市公交车、中型客车、大型货车、小型汽车、小型自动挡汽车、低速载货汽车和残疾人专用小型自动挡载客汽车考试上车准备、起步、直线行驶、加减挡位操作、变更车道、靠边停车、直行通过路口、路口左转弯、路口右转弯、通过人行横道线、通过学校区域、通过公共汽车站、会车、超车、掉头、夜间行驶；其他准驾车型的考试内容，由省级公安机关交通管理部门确定。

大型客车、中型客车考试里程不少于20公里，其中白天考试里程不少于10公里，夜间考试里程不少于5公里。牵引车、城市公交车、大型货车考试里程不少于10公里，其中白天考试里程不少于5公里，夜间考试里程不少于3公里。小型汽车、小型自动挡汽车、低速载货汽车、残疾人专用小型自动挡载客汽车考试里程不少于3公里，在白天考试时，应当进行模拟夜间灯光考试。

对大型客车、牵引车、城市公交车、中型客车、大型货车，省级公安机关交通管理部门应当根据实际增加山区、隧道、陡坡等复杂道路驾驶考试内容。对其他汽车准驾车型，省级公安机关交通管理部门可以根据实际增加考试内容。

第三十二条　科目三安全文明驾驶常识考试内容包括：安全文明驾驶操作要求、恶劣气象和复杂道路条件下的安全驾驶知识、爆胎等紧急情况下的临危处置方法以及发生交通事故后的处置知识等。

第三十三条　持军队、武装警察部队机动车驾驶证的人申请大型客车、牵引车、城市公交车、中型客车、大型货车准驾车型机动车驾驶证的，应当考试科目一和科目三；申请其他准驾车型机动车驾驶证的，免予考试核发机动车驾驶证。

第三十四条　持境外机动车驾驶证申请机动车驾驶证的，应当考试科目一。申请准驾车型为大型客车、牵引车、城市公交车、中型客车、大型货车机动车驾驶证的，还应当考试科目三。

内地居民持有境外机动车驾驶证，取得该机动车驾驶证时在核发国家或者地区连续居留不足三个月的，应当考试科目一、科目二和科目三。

属于外国驻华使馆、领馆人员及国际组织驻华代表机构人员申请的，应当按照外交对等原则执行。

第三十五条　各科目考试的合格标准为：

（一）科目一考试满分为100分，成绩达到90分的为合格；

（二）科目二考试满分为100分，考试大型客车、牵引车、城市公交车、中型客车、大型货车准驾车型的，成绩达到90分的为合格，其他准驾车型的成绩达到80分的为合格；

（三）科目三道路驾驶技能和安全文明驾驶常识考试满分分别为100分，成绩分别达到90分的为合格。

第二节　考试要求

第三十六条　车辆管理所应当按照预约的考场和时间安排考试。申请人科目一考试合格后，可以预约科目二或者科目三道路驾驶技能考试。有条件的地方，申请人可以同时预约科目二、科目三道路驾驶技能考试，预约成功后可以连续进行考试。科目二、科目三道路驾驶技能考试均合格后，申请人可以当日参加科目三安全文明驾驶常识考试。

申请人预约科目二、科目三道路驾驶技能考试，车辆管理所在六十日内不能安排考试的，可以选择省（自治区、直辖市）内其他考场预约考试。

车辆管理所应当使用全国统一的考试预约系统，采用互联网、电话、服务窗口等方式供申请人预约考试。

第三十七条　初次申请机动车驾驶证或者申请增加准驾车型的，科目一考试合格后，车辆管理所应当在一日内核发学习驾驶证明（附件2）。

属于自学直考的，车辆管理所还应当按规定发放学车专用标识（附件3）。

第三十八条　申请人在场地和道路上学习驾驶，应当按规定取得学习驾驶证明。学习驾驶证明的有效期为三年，申请人应当在有效期内完成科目二和科目三考试。未在有效期内完成考试的，已考试合格的科目成绩作废。

学习驾驶证明可以采用纸质或者电子形式，纸质学习驾驶证明和电子学习驾驶证明具有同等效力。申请人可以通过互联网交通安全综合服务管理平台打印或者下载学习驾驶证明。

第三十九条　申请人在道路上学习驾驶，应当随身携带学习驾驶证明，使用教练车或者学车专用标识签注的自学用车，在教练员或者学车专用标识签注的指导人员随车指导下，按照公安机关交通管理部门指定的路线、时间进行。

申请人为自学直考人员的，在道路上学习驾驶时，应当在自学用车上按规定放置、粘贴学车专用标识，自学用车不得搭载随车指导人员以外的其他人员。

第四十条　初次申请机动车驾驶证或者申请增加准驾车型的，申请人预约考试科目二，应当符合下列规定：

（一）报考小型汽车、小型自动挡汽车、低速载货汽车、三轮汽车、残疾人专用小型自动挡载客汽车、轮式自行机械车、无轨电车、有轨电车准驾车型的，在取得学习驾驶证明满十日后预约考试；

（二）报考大型客车、牵引车、城市公交车、中型客车、大型货车准驾车型的，在取得学习驾驶证明满二十日后预约考试。

第四十一条　初次申请机动车驾驶证或者申请增加准驾车型的，申请人预约考试科目三，应当符合下列规定：

（一）报考低速载货汽车、三轮汽车、轮式自行机械车、无轨电车、有轨电车准驾车型的，在取得学习驾驶证明满二十日后预约考试；

（二）报考小型汽车、小型自动挡汽车、残疾人专用小型自动挡载客汽车准驾车型的，在取得学习驾驶证明满三十日后预约考试；

（三）报考大型客车、牵引车、城市公交车、中型客车、大型货车准驾车型的，在取得学习驾驶证明满四十日后预约考试。

第四十二条　持军队、武装警察部队或者境外机动车驾驶证申请机动车驾驶证的，应当自车辆管理所受理之日起三年内完成科目考试。

第四十三条 申请人因故不能按照预约时间参加考试的，应当提前一日申请取消预约。对申请人未按照预约考试时间参加考试的，判定该次考试不合格。

第四十四条 每个科目考试一次，考试不合格的，可以补考一次。不参加补考或者补考仍不合格的，本次考试终止，申请人应当重新预约考试，但科目二、科目三考试应当在十日后预约。科目三安全文明驾驶常识考试不合格的，已通过的道路驾驶技能考试成绩有效。

在学习驾驶证明有效期内，科目二和科目三道路驾驶技能考试预约考试的次数不得超过五次。第五次预约考试仍不合格的，已考试合格的其他科目成绩作废。

第四十五条 车辆管理所组织考试前应当使用全国统一的计算机系统当日随机选配考试员，随机安排考生分组，随机选取考试路线。

第四十六条 从事考试工作的人员，应当持有省级公安机关交通管理部门颁发的资格证书。公安机关交通管理部门应当在车辆管理所公安民警中选拔足够数量的专职考试员，可以在公安机关交通管理部门公安民警、文职人员中配置兼职考试员。可以聘用运输企业驾驶人、警风警纪监督员等人员承担考试辅助评判和监督职责。

考试员应当认真履行考试职责，严格按照规定考试，接受社会监督。在考试前应当自我介绍，讲解考试要求，核实申请人身份；考试中应当严格执行考试程序，按照考试项目和考试标准评定考试成绩；考试后应当当场公布考试成绩，讲评考试不合格原因。

每个科目的考试成绩单应当有申请人和考试员的签名。未签名的不得核发机动车驾驶证。

第四十七条 考试员、考试辅助和监管人员及考场工作人员应当严格遵守考试工作纪律，不得为不符合机动车驾驶许可条件、未经考试、考试不合格人员签注合格考试成绩，不得减少考试项目、降低评判标准或者参与、协助、纵容考试作弊，不得参与或者变相参与驾驶培训机构经营活动，不得收取驾驶培训机构、教练员、申请人的财物。

第四十八条 直辖市、设区的市或者相当于同级的公安机关交通管理部门应当根据本地考试需求建设考场，配备足够数量的考试车辆。对考场布局、数量不能满足本地考试需求的，应当采取政府购买服务等方式使用社会考场，并按照公平竞争、择优选定的原则，依法通过公开招标等程序确定。

考试场地建设、路段设置、车辆配备、设施设备配置以及考试项目、评判要求应当符合相关标准。考试场地、考试设备和考试系统应当经省级公安机关交通管理部门验收合格后方可使用。公安机关交通管理部门应当加强对辖区考场的监督管理，定期开展考试场地、考试车辆、考试设备和考场管理情况的监督检查。

第三节 考试监督管理

第四十九条 车辆管理所应当在办事大厅、候考场所和互联网公开各考场的考试能力、预约计划、预约人数和约考结果等情况，公布考场布局、考试路线和流程。考试预约计划应当至少在考试前十日在互联网上公开。

车辆管理所应当在候考场所、办事大厅向群众直播考试视频，考生可以在考试结束后三日内查询自己的考试视频资料。

第五十条 车辆管理所应当对考试过程进行全程录音、录像，并实时监控考试过程，没有使用录音、录像设备的，不得组织考试。严肃考试纪律，规范考场秩序，对考场秩序混乱的，应当中止考试。考试过程中，考试员应当使用执法记录仪记录监考过程。

车辆管理所应当建立音视频信息档案，存储录音、录像设备和执法记录仪记录的音像资料。建立考试质量抽查制度，每日抽查音视频信息档案，发现存在违反考试纪律、考场秩序混乱以及音视频信息缺失或者不完整的，应当进行调查处理。

省级公安机关交通管理部门应当定期抽查音视频信息档案，及时通报、纠正、查处发现的问题。

第五十一条 车辆管理所应当根据考试场地、考试设备、考试车辆、考试员数量等实际情况，核定每个考场、每个考试员每日最大考试量。

车辆管理所应当对驾驶培训机构教练员、教练车、训练场地等情况进行备案。

第五十二条 车辆管理所应当每周通过计算机系统对机动车驾驶人考试和机动车驾驶证业务办理情况进行监控、分析。省级公安机关交通管理部门应当建立全省（自治区、直辖市）机动车驾驶人考试监管系统，每月对机动车驾驶人考试、机动车驾驶证业务办理情况进行监控、分析，及时查处、通报发现的问题。

车辆管理所存在为未经考试或者考试不合格人员核发机动车驾驶证等严重违规办理机动车驾驶证业务情形的，上级公安机关交通管理部门可以暂停该车辆管理所办理相关业务或者指派其他车辆管理所人员接管业务。

第五十三条 直辖市、设区的市或者相当于同级的公安机关交通管理部门应当每月向社会公布车辆管理所考试员考试质量情况、三年内驾龄驾驶人交通违法率和交通肇事率等信息。

直辖市、设区的市或者相当于同级的公安机关交通管理部门应当每月向社会公布辖区内驾驶培训机构的考试合格率、三年内驾龄驾驶人交通违法率和交通肇事率等信息，按照考试合格率对驾驶培训机构培训质量公开排名，并通报培训主管部门。

第五十四条 对三年内驾龄驾驶人发生一次死亡3人以上交通事故且负主要以上责任的，省级公安机关交通管理部门应当倒查车辆管理所考试、发证情况，向社会公布倒查结果。对三年内驾龄驾驶人发生一次死亡1至2人的交通事故且负主要以上责任的，直辖市、设区的市或者相当于同级的公安机关交通管理部门应当组织责任倒查。

直辖市、设区的市或者相当于同级的公安机关交通管理部门发现驾驶培训机构及其教练员存在缩短培训学时、减少培训项目以及贿赂考试员、以承诺考试合格等名义向学员索取财物、参与违规办理驾驶证或者考试舞弊行为的，应当通报培训主管部门，并向社会公布。

公安机关交通管理部门发现考场、考试设备生产销售企业存在组织或者参与考试舞弊、伪造或者篡改考试系统数据的，不得继续使用该考场或者采购该企业考试设备；构成犯罪的，依法追究刑事责任。

第四章　发证、换证、补证

第五十五条　申请人考试合格后，应当接受不少于半小时的交通安全文明驾驶常识和交通事故案例警示教育，并参加领证宣誓仪式。

车辆管理所应当在申请人参加领证宣誓仪式的当日核发机动车驾驶证。属于申请增加准驾车型的，应当收回原机动车驾驶证。属于复员、转业、退伍的，应当收回军队、武装警察部队机动车驾驶证。

第五十六条　机动车驾驶人在机动车驾驶证的六年有效期内，每个记分周期均未记满12分的，换发十年有效期的机动车驾驶证；在机动车驾驶证的十年有效期内，每个记分周期均未记满12分的，换发长期有效的机动车驾驶证。

第五十七条　机动车驾驶人应当于机动车驾驶证有效期满前九十日内，向机动车驾驶证核发地或者核发地以外的车辆管理所申请换证。申请时应当填写申请表，并提交以下证明、凭证：

（一）机动车驾驶人的身份证明；

（二）机动车驾驶证；

（三）县级或者部队团级以上医疗机构出具的有关身体条件的证明。属于申请残疾人专用小型自动挡载客汽车的，应当提交经省级卫生主管部门指定的专门医疗机构出具的有关身体条件的证明。

第五十八条　机动车驾驶人户籍迁出原车辆管理所管辖区的，应当向迁入地车辆管理所申请换证。机动车驾驶人在核发地车辆管理所管辖区以外居住的，可以向居住地车辆管理所申请换证。申请时应当填写申请表，提交机动车驾驶人的身份证明和机动车驾驶证，并申报身体条件情况。

第五十九条　年龄在60周岁以上的，不得驾驶大型客车、牵引车、城市公交车、中型客车、大型货车、无轨电车和有轨电车；持有大型客车、牵引车、城市公交车、中型客车、大型货车驾驶证的，应当到机动车驾驶证核发地或者核发地以外的车辆管理所换领准驾车型为小型汽车或者小型自动挡汽车的机动车驾驶证。

年龄在70周岁以上的，不得驾驶低速载货汽车、三轮汽车、普通三轮摩托车、普通二轮摩托车和轮式自行机械车；持有普通三轮摩托车、普通二轮摩托车驾驶证的，应当到机动车驾驶证核发地或者核发地以外的车辆管理所换领准驾车型为轻便摩托车的机动车驾驶证。

申请时应当填写申请表，并提交第五十七条规定的证明、凭证。

机动车驾驶人自愿降低准驾车型的，应当填写申请表，并提交机动车驾驶人的身份证明和机动车驾驶证。

第六十条　具有下列情形之一的，机动车驾驶人应当在三十日内到机动车驾驶证核发地或者核发地以外的车辆管理所申请换证：

（一）在车辆管理所管辖区域内，机动车驾驶证记载的机动车驾驶人信息发生变化的；

（二）机动车驾驶证损毁无法辨认的。

申请时应当填写申请表，并提交机动车驾驶人的身份证明和机动车驾驶证。

第六十一条　机动车驾驶人身体条件发生变化，不符合所持机动车驾驶证准驾车型的条件，但符合准予驾驶的其他准驾车型条件的，应当在三十日内到机动车驾驶证核发地或者核发地以外的车辆管理所申请降低准驾车型。申请时应当填写申请表，并提交机动车驾驶人的身份证明、机动车驾驶证、县级或者部队团级以上医疗机构出具的有关身体条件的证明。

机动车驾驶人身体条件发生变化，不符合第十二条第二项规定或者具有第十三条规定情形之一，不适合驾驶机动车的，应当在三十日内到机动车驾驶证核发地车辆管理所申请注销。申请时应当填写申请表，并提交机动车驾驶人的身份证明和机动车驾驶证。

机动车驾驶人身体条件不适合驾驶机动车的，不得驾驶机动车。

第六十二条　车辆管理所对符合第五十七条至第六十条、第六十一条第一款规定的，应当在一日内换发机动车驾驶证。对符合第六十一条第二款规定的，应当在一日内注销机动车驾驶证。其中，对符合第五十八条至第六十一条规定的，还应当收回原机动车驾驶证。

第六十三条　机动车驾驶证遗失的，机动车驾驶人应当向机动车驾驶证核发地或者核发地以外的车辆管理所申请补发。申请时应当填写申请表，并提交以下证明、凭证：

（一）机动车驾驶人的身份证明；

（二）机动车驾驶证遗失的书面声明。

符合规定的，车辆管理所应当在一日内补发机动车驾驶证。

机动车驾驶人补领机动车驾驶证后，原机动车驾驶证作废，不得继续使用。

机动车驾驶证被依法扣押、扣留或者暂扣期间，机动车驾驶人不得申请补发。

第六十四条　机动车驾驶人向核发地以外的车辆管理所申请办理第五十七条、第五十九条、第六十条、第六十一条第一款、第六十三条规定的换证、补证业务时，应当同时按照第五十八条规定办理。

第五章　机动车驾驶人管理

第一节　记　分

第六十五条　道路交通安全违法行为累积记分周期（即记分周期）为12个月，满分为12分，从机动车驾驶证初次领取之日起计算。

依据道路交通安全违法行为的严重程度，一次记分的分值为：12分、6分、3分、2分、1分五种（附件4）。

第六十六条　对机动车驾驶人的道路交通安全违法行为，处罚与记分同时执行。

机动车驾驶人一次有两个以上违法行为记分的,应当分别计算,累加分值。

第六十七条 机动车驾驶人对道路交通安全违法行为处罚不服,申请行政复议或者提起行政诉讼后,经依法裁决变更或者撤销原处罚决定的,相应记分分值予以变更或者撤销。

第六十八条 机动车驾驶人在一个记分周期内累积记分达到12分的,公安机关交通管理部门应当扣留其机动车驾驶证。

机动车驾驶人应当在十五日内到机动车驾驶证核发地或者违法行为地公安机关交通管理部门参加为期七日的道路交通安全法律、法规和相关知识学习。机动车驾驶人参加学习后,车辆管理所应当在二十日内对其进行道路交通安全法律、法规和相关知识考试。考试合格的,记分予以清除,发还机动车驾驶证;考试不合格的,继续参加学习和考试。拒不参加学习,也不接受考试的,由公安机关交通管理部门公告其机动车驾驶证停止使用。

机动车驾驶人在一个记分周期内有两次以上达到12分或者累积记分达到24分以上的,车辆管理所还应当在道路交通安全法律、法规和相关知识考试合格后十日内对其进行道路驾驶技能考试。接受道路驾驶技能考试的,按照本人机动车驾驶证载明的最高准驾车型考试。

第六十九条 机动车驾驶人在一个记分周期内记分未达到12分,所处罚款已经缴纳的,记分予以清除;记分虽未达到12分,但尚有罚款未缴纳的,记分转入下一记分周期。

第二节 审 验

第七十条 机动车驾驶人应当按照法律、行政法规的规定,定期到公安机关交通管理部门接受审验。

机动车驾驶人按照本规定第五十七条、第五十八条换领机动车驾驶证时,应当接受公安机关交通管理部门的审验。

持有大型客车、牵引车、城市公交车、中型客车、大型货车驾驶证的驾驶人,应当在每个记分周期结束后三十日内到公安机关交通管理部门接受审验。但在一个记分周期内没有记分记录的,免予本记分周期审验。

持有本条第三款规定以外准驾车型驾驶证的驾驶人,发生交通事故造成人员死亡承担同等以上责任未被吊销机动车驾驶证的,应当在本记分周期结束后三十日内到公安机关交通管理部门接受审验。

机动车驾驶人可以在机动车驾驶证核发地或者核发地以外的地方参加审验、提交身体条件证明。

第七十一条 机动车驾驶证审验内容包括:

(一)道路交通安全违法行为、交通事故处理情况;

(二)身体条件情况;

(三)道路交通安全违法行为记分及记满12分后参加学习和考试情况。

持有大型客车、牵引车、城市公交车、中型客车、大型货车驾驶证一个记分周期内有记分的,以及持有其他准驾车型驾驶证发生交通事故造成人员死亡承担同等以上责任未被吊销机动车驾驶证的驾驶人,审验时应当参加不少于三小时的道路交通安全法律法规、交通安全文明驾驶、应急处置等知识学习，并接受交通事故案例警示教育。

对交通违法行为或者交通事故未处理完毕的、身体条件不符合驾驶许可条件的、未按照规定参加学习、教育和考试的，不予通过审验。

第七十二条 年龄在 70 周岁以上的机动车驾驶人，应当每年进行一次身体检查，在记分周期结束后三十日内，提交县级或者部队团级以上医疗机构出具的有关身体条件的证明。

持有残疾人专用小型自动挡载客汽车驾驶证的机动车驾驶人，应当每三年进行一次身体检查，在记分周期结束后三十日内，提交经省级卫生主管部门指定的专门医疗机构出具的有关身体条件的证明。

机动车驾驶人按照本规定第七十条第三款、第四款规定参加审验时，应当申报身体条件情况。

第七十三条 机动车驾驶人因服兵役、出国（境）等原因，无法在规定时间内办理驾驶证期满换证、审验、提交身体条件证明的，可以向机动车驾驶证核发地车辆管理所申请延期办理。申请时应当填写申请表，并提交机动车驾驶人的身份证明、机动车驾驶证和延期事由证明。

延期期限最长不超过三年。延期期间机动车驾驶人不得驾驶机动车。

第三节 监督管理

第七十四条 机动车驾驶人初次申请机动车驾驶证和增加准驾车型后的 12 个月为实习期。

新取得大型客车、牵引车、城市公交车、中型客车、大型货车驾驶证的，实习期结束后三十日内应当参加道路交通安全法律法规、交通安全文明驾驶、应急处置等知识考试，并接受不少于半小时的交通事故案例警示教育。

在实习期内驾驶机动车的，应当在车身后部粘贴或者悬挂统一式样的实习标志（附件 5）。

第七十五条 机动车驾驶人在实习期内不得驾驶公共汽车、营运客车或者执行任务的警车、消防车、救护车、工程救险车以及载有爆炸物品、易燃易爆化学物品、剧毒或者放射性等危险物品的机动车；驾驶的机动车不得牵引挂车。

驾驶人在实习期内驾驶机动车上高速公路行驶，应当由持相应或者更高准驾车型驾驶证三年以上的驾驶人陪同。其中，驾驶残疾人专用小型自动挡载客汽车的，可以由持有小型自动挡载客汽车以上准驾车型驾驶证的驾驶人陪同。

在增加准驾车型后的实习期内，驾驶原准驾车型的机动车时不受上述限制。

第七十六条 持有准驾车型为残疾人专用小型自动挡载客汽车的机动车驾驶人驾驶机动车时，应当按规定在车身设置残疾人机动车专用标志（附件 6）。

有听力障碍的机动车驾驶人驾驶机动车时，应当佩戴助听设备。

第七十七条 机动车驾驶人具有下列情形之一的，车辆管理所应当注销其机动车驾驶证：

（一）死亡的；
（二）提出注销申请的；
（三）丧失民事行为能力，监护人提出注销申请的；
（四）身体条件不适合驾驶机动车的；
（五）有器质性心脏病、癫痫病、美尼尔氏症、眩晕症、癔病、震颤麻痹、精神病、痴呆以及影响肢体活动的神经系统疾病等妨碍安全驾驶疾病的；
（六）被查获有吸食、注射毒品后驾驶机动车行为，正在执行社区戒毒、强制隔离戒毒、社区康复措施，或者长期服用依赖性精神药品成瘾尚未戒除的；
（七）超过机动车驾驶证有效期一年以上未换证的；
（八）年龄在70周岁以上，在一个记分周期结束后一年内未提交身体条件证明的；或者持有残疾人专用小型自动挡载客汽车准驾车型，在三个记分周期结束后一年内未提交身体条件证明的；
（九）年龄在60周岁以上，所持机动车驾驶证只具有无轨电车或者有轨电车准驾车型，或者年龄在70周岁以上，所持机动车驾驶证只具有低速载货汽车、三轮汽车、轮式自行机械车准驾车型的；
（十）机动车驾驶证依法被吊销或者驾驶许可依法被撤销的。

有第一款第二项至第十项情形之一，未收回机动车驾驶证的，应当公告机动车驾驶证作废。

有第一款第七项情形被注销机动车驾驶证未超过二年的，机动车驾驶人参加道路交通安全法律、法规和相关知识考试合格后，可以恢复驾驶资格。

有第一款第八项情形被注销机动车驾驶证，机动车驾驶证在有效期内或者超过有效期不满一年的，机动车驾驶人提交身体条件证明后，可以恢复驾驶资格。

有第一款第二项至第八项情形之一，按照第二十四条规定申请机动车驾驶证，有道路交通安全违法行为或者交通事故未处理记录的，应当将道路交通安全违法行为、交通事故处理完毕。

第七十八条 持有大型客车、牵引车、城市公交车、中型客车、大型货车驾驶证的驾驶人有下列情形之一的，车辆管理所应当注销其最高准驾车型驾驶资格，并通知机动车驾驶人在三十日内办理降级换证业务：
（一）发生交通事故造成人员死亡，承担同等以上责任，未构成犯罪的；
（二）在一个记分周期内有记满12分记录的；
（三）连续三个记分周期不参加审验的。

机动车驾驶人在规定时间内未办理降级换证业务的，车辆管理所应当公告注销的准驾车型驾驶资格作废。

机动车驾驶人办理降级换证业务后，申请增加被注销的准驾车型的，应当在本记分周期和申请前最近一个记分周期没有记满12分记录，且没有发生造成人员死亡承担同等以上责任的交通事故。

第七十九条 机动车驾驶人在实习期内发生道路交通安全违法行为被记满12分的，

注销其实习的准驾车型驾驶资格。被注销的驾驶资格不属于最高准驾车型的，还应当按照第七十八条第一款规定，注销其最高准驾车型驾驶资格。

持有大型客车、牵引车、城市公交车、中型客车、大型货车驾驶证的驾驶人在一年实习期内记6分以上但未达到12分的，实习期限延长一年。在延长的实习期内再次记6分以上但未达到12分的，注销其实习的准驾车型驾驶资格。

第八十条　机动车驾驶人联系电话、联系地址等信息发生变化，以及持有大型客车、牵引车、城市公交车、中型客车、大型货车驾驶证的驾驶人从业单位等信息发生变化的，应当在信息变更后三十日内，向驾驶证核发地车辆管理所备案。

第八十一条　道路运输企业应当定期将聘用的机动车驾驶人向所在地公安机关交通管理部门备案，督促及时处理道路交通安全违法行为、交通事故和参加机动车驾驶证审验。

公安机关交通管理部门应当每月向辖区内交通运输主管部门、运输企业通报机动车驾驶人的道路交通违法行为、记分和交通事故等情况。

第四节　校车驾驶人管理

第八十二条　校车驾驶人应当依法取得校车驾驶资格。

取得校车驾驶资格应当符合下列条件：

（一）取得相应准驾车型驾驶证并具有三年以上驾驶经历，年龄在25周岁以上、不超过60周岁；

（二）最近连续三个记分周期内没有被记满12分记录；

（三）无致人死亡或者重伤的交通事故责任记录；

（四）无酒后驾驶或者醉酒驾驶机动车记录，最近一年内无驾驶客运车辆超员、超速等严重交通违法行为记录；

（五）无犯罪记录；

（六）身心健康，无传染性疾病，无癫痫病、精神病等可能危及行车安全的疾病病史，无酗酒、吸毒行为记录。

第八十三条　机动车驾驶人申请取得校车驾驶资格，应当向县级或者设区的市级公安机关交通管理部门提出申请，填写申请表，并提交以下证明、凭证：

（一）申请人的身份证明；

（二）机动车驾驶证；

（三）县级或者部队团级以上医疗机构出具的有关身体条件的证明。

第八十四条　公安机关交通管理部门自受理申请之日起五日内审查提交的证明、凭证，并向所在地县级公安机关核查，确认申请人无犯罪、吸毒行为记录。对符合条件的，在机动车驾驶证上签注准许驾驶校车及相应车型，并通报教育行政部门；不符合条件的，应当书面说明理由。

第八十五条　校车驾驶人应当在每个记分周期结束后三十日内到公安机关交通管理部门接受审验。审验时，应当提交县级或者部队团级以上医疗机构出具的有关身体条件的证明，参加不少于三小时的道路交通安全法律法规、交通安全文明驾驶、应急处置等知识学习，并接受交通事故案例警示教育。

第八十六条　公安机关交通管理部门应当与教育行政部门和学校建立校车驾驶人的信息交换机制，每月通报校车驾驶人的交通违法、交通事故和审验等情况。

第八十七条　校车驾驶人具有下列情形之一的，公安机关交通管理部门应当注销其校车驾驶资格，通知机动车驾驶人换领机动车驾驶证，并通报教育行政部门和学校：

（一）提出注销申请的；

（二）年龄超过60周岁的；

（三）在致人死亡或者重伤的交通事故负有责任的；

（四）有酒后驾驶或者醉酒驾驶机动车，以及驾驶客运车辆超员、超速等严重交通违法行为的；

（五）有记满12分或者犯罪记录的；

（六）有传染性疾病，癫痫病、精神病等可能危及行车安全的疾病，有酗酒、吸毒行为记录的。

未收回签注校车驾驶许可的机动车驾驶证的，应当公告其校车驾驶资格作废。

第六章　法律责任

第八十八条　隐瞒有关情况或者提供虚假材料申领机动车驾驶证的，申请人在一年内不得再次申领机动车驾驶证。

申请人在考试过程中有贿赂、舞弊行为的，取消考试资格，已经通过考试的其他科目成绩无效；申请人在一年内不得再次申领机动车驾驶证。

申请人以欺骗、贿赂等不正当手段取得机动车驾驶证的，公安机关交通管理部门收缴机动车驾驶证，撤销机动车驾驶许可；申请人在三年内不得再次申领机动车驾驶证。

第八十九条　申请人在教练员或者学车专用标识签注的指导人员随车指导下，使用符合规定的机动车学习驾驶中有道路交通安全违法行为或者发生交通事故的，按照《道路交通安全法实施条例》第二十条规定，由教练员或者随车指导人员承担责任。

第九十条　申请人在道路上学习驾驶时，未按照第三十九条规定随身携带学习驾驶证明，由公安机关交通管理部门处二十元以上二百元以下罚款。

第九十一条　申请人在道路上学习驾驶时，有下列情形之一的，由公安机关交通管理部门对教练员或者随车指导人员处二十元以上二百元以下罚款：

（一）未按照公安机关交通管理部门指定的路线、时间进行的；

（二）未按照第三十九条规定放置、粘贴学车专用标识的。

第九十二条　申请人在道路上学习驾驶时，有下列情形之一的，由公安机关交通管理部门对教练员或者随车指导人员处二百元以上五百元以下罚款：

（一）未使用符合规定的机动车的；

（二）自学用车搭载随车指导人员以外的其他人员的。

第九十三条　申请人在道路上学习驾驶时，有下列情形之一的，由公安机关交通管理部门按照《道路交通安全法》第九十九条第一款第一项规定予以处罚：

（一）未取得学习驾驶证明的；

（二）学习驾驶证明超过有效期的；

（三）没有教练员或者随车指导人员的；

（四）由不符合规定的人员随车指导的。

将机动车交由有前款规定情形之一的申请人驾驶的，由公安机关交通管理部门按照《道路交通安全法》第九十九条第一款第二项规定予以处罚。

第九十四条　机动车驾驶人有下列行为之一的，由公安机关交通管理部门处二十元以上二百元以下罚款：

（一）机动车驾驶人补领机动车驾驶证后，继续使用原机动车驾驶证的；

（二）在实习期内驾驶机动车不符合第七十五条规定的；

（三）驾驶机动车未按规定粘贴、悬挂实习标志或者残疾人机动车专用标志的；

（四）持有大型客车、牵引车、城市公交车、中型客车、大型货车驾驶证的驾驶人，未按照第八十条规定申报变更信息的。

有第一款第一项规定情形的，由公安机关交通管理部门收回原机动车驾驶证。

第九十五条　机动车驾驶人有下列行为之一的，由公安机关交通管理部门处二百元以上五百元以下罚款：

（一）机动车驾驶证被依法扣押、扣留或者暂扣期间，采用隐瞒、欺骗手段补领机动车驾驶证的；

（二）机动车驾驶人身体条件发生变化不适合驾驶机动车，仍驾驶机动车的；

（三）逾期不参加审验仍驾驶机动车的。

有第一款第一项、第二项规定情形之一的，由公安机关交通管理部门收回机动车驾驶证。

第九十六条　伪造、变造或者使用伪造、变造的机动车驾驶证的，由公安机关交通管理部门予以收缴，依法拘留，并处二千元以上五千元以下罚款；构成犯罪的，依法追究刑事责任。

第九十七条　交通警察有下列情形之一的，按照有关规定给予纪律处分；聘用人员有下列情形之一的予以解聘。构成犯罪的，依法追究刑事责任：

（一）为不符合机动车驾驶许可条件、未经考试、考试不合格人员签注合格考试成绩或者核发机动车驾驶证的；

（二）减少考试项目、降低评判标准或者参与、协助、纵容考试作弊的；

（三）为不符合规定的申请人发放学习驾驶证明、学车专用标识的；

（四）与非法中介串通谋取经济利益的；

（五）违反规定侵入机动车驾驶证管理系统，泄漏、篡改、买卖系统数据，或者泄漏系统密码的；

（六）参与或者变相参与驾驶培训机构经营活动的；

（七）收取驾驶培训机构、教练员、申请人或者其他相关人员财物的。

交通警察未按照第五十条第一款规定使用执法记录仪的，根据情节轻重，按照有关规定给予纪律处分。

公安机关交通管理部门有本条第一款所列行为之一的，按照国家有关规定对直接负责的主管人员和其他直接责任人员给予相应的处分。

第七章 附 则

第九十八条 国家之间对机动车驾驶证有互相认可协议的，按照协议办理。

国家之间签订有关协定涉及机动车驾驶证的，按照协定执行。

第九十九条 机动车驾驶人可以委托代理人代理换证、补证、提交身体条件证明、延期办理和注销业务。代理人申请机动车驾驶证业务时，应当提交代理人的身份证明和机动车驾驶人与代理人共同签字的申请表或者身体条件证明。

第一百条 机动车驾驶证和学习驾驶证明的式样、规格按照中华人民共和国公共安全行业标准《中华人民共和国机动车驾驶证件》执行。

第一百零一条 身体条件证明自出具之日起6个月内有效。

第一百零二条 拖拉机驾驶证的申领和使用另行规定。拖拉机驾驶证式样、规格应当符合中华人民共和国公共安全行业标准《中华人民共和国机动车驾驶证件》的规定。

第一百零三条 本规定下列用语的含义：

（一）身份证明是指：

1. 居民的身份证明，是《居民身份证》或者《临时居民身份证》。在户籍地以外居住的内地居民，按照第十九条、第二十一条、第二十二条、第八十三条规定提交的身份证明，是《居民身份证》或者《临时居民身份证》，以及公安机关核发的居住证明；

2. 现役军人（含武警）的身份证明，是《居民身份证》或者《临时居民身份证》。在未办理《居民身份证》前，是军队有关部门核发的《军官证》、《文职干部证》、《士兵证》、《离休证》、《退休证》等有效军人身份证件，以及其所在的团级以上单位出具的本人住所证明；

3. 香港、澳门特别行政区居民的身份证明，是其入境时所持有的《港澳居民来往内地通行证》或者外交部核发的《中华人民共和国旅行证》，香港、澳门特别行政区《居民身份证》和公安机关核发的住宿登记证明；

4. 台湾地区居民的身份证明，是其所持有的公安机关核发的五年有效的《台湾居民来往大陆通行证》或者外交部核发的《中华人民共和国旅行证》和公安机关核发的住宿登记证明；

5. 华侨的身份证明，是《中华人民共和国护照》和公安机关核发的住宿登记证明；

6. 外国人的身份证明，是其入境时所持有的护照或者其他旅行证件、居（停）留期为三个月以上的有效签证或者停留、居留证件，以及公安机关核发的住宿登记证明；

7. 外国驻华使馆、领馆人员、国际组织驻华代表机构人员的身份证明，是外交部核发的有效身份证件。

（二）住址是指：

1. 居民的住址，是《居民身份证》或者《临时居民身份证》记载的住址；

2. 现役军人（含武警）的住址，是《居民身份证》或者《临时居民身份证》记载的住址。在未办理《居民身份证》前，是其所在的团级以上单位出具的本人住所证明记载的住址；

3. 境外人员的住址，是公安机关核发的住宿登记证明记载的地址；

4. 外国驻华使馆、领馆人员及国际组织驻华代表机构人员的住址，是外交部核发的有效身份证件记载的地址。

（三）境外机动车驾驶证是指外国、香港、澳门特别行政区、台湾地区核发的具有单独驾驶资格的机动车驾驶证。

第一百零四条　本规定所称"以上"、"以下"均包含本数在内。

本规定所称"一日"、"五日"、"七日"、"十日"、"十五日"，是指工作日，不包括节假日。

第一百零五条　本规定自2013年1月1日起施行，第五章第四节自发布之日起施行。2006年12月20日发布的《机动车驾驶证申领和使用规定》（公安部令第91号）和2009年12月7日发布的《公安部关于修改<机动车驾驶证申领和使用规定>的决定》（公安部令第111号）同时废止。本规定生效后，公安部以前制定的规定与本规定不一致的，以本规定为准。

附件（略）。